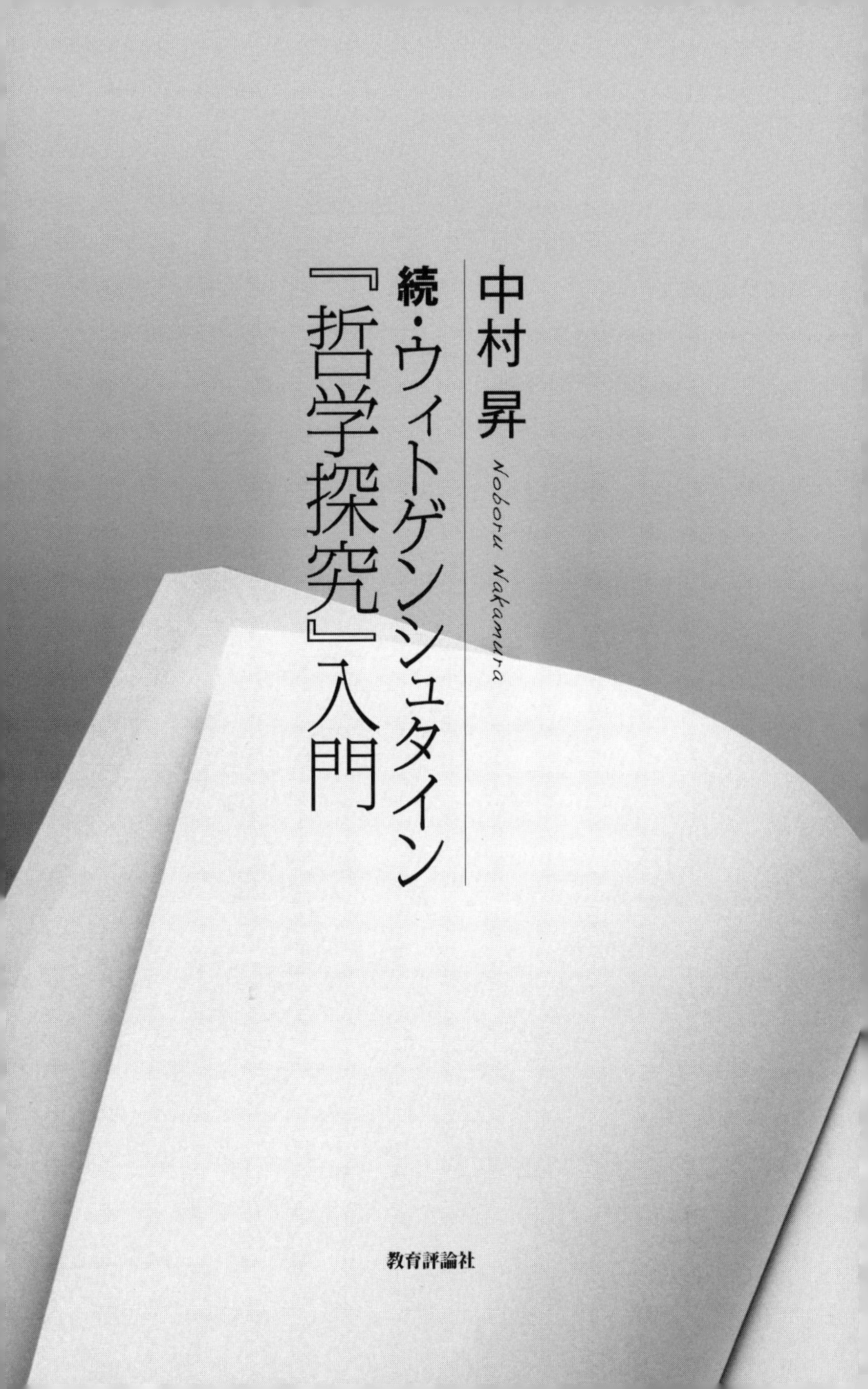

中村 昇

Noboru Nakamura

続・ウィトゲンシュタイン『哲学探究』入門

教育評論社

はじめに

この本は、タイトルを見ればわかるように『ウィトゲンシュタイン『哲学探究』入門』の続篇だ。ウィトゲンシュタインとは、卒業論文以来のつきあいだから、もう四〇年以上読みつづけていることになる。今回も執筆しているときに、この哲学者のことが、やっぱり好きなんだなぁと改めて思った。

どんなところが好きかというと、「政治的ではない」ところと「感情的」なところだと思う。この人は、それこそ「忖度」などとは、最も遠いところにいて、いわゆる政治的な振舞は一切しない。それに、自分の怒りや愛情を隠したりも絶対にしない。ものすごく緻密な頭脳をもってはいるけれども、それ以上に情熱の量が桁外れだ。これは、わたしが高校のとき以来ずっと好きな南方熊楠によく似ている。

それに問題を自分自身で直接、徹底的に考えるところもいい。哲学者であれば、あたり前ではないかと思われるかも知れないけれど、そんなことはない。誰がこういったとか、別の本ではこう論じてある、といったことばかり書いてある本も多い。誰とはいわないけれども、ものすごく大きな哲学の問題を最初に立て、途中からしりすぼみになって終わるなんてこともある。

他人のことは一切いわず、もちろん自分が見つけた問題以外には目もくれず、ウィトゲンシュタインは、とにかく一人でしかも素手で哲学の問題に立ち向かう。これまで誰も気づかなかった問題をとてつもない嗅覚で探りだし、それをこなごなに分析し根柢から縦横に論じていく。それに、哲学の話題なのに、わたしたちの日常の場面から決して離れない。考察の対象は、つねに足下にある。畏るべき天才である。本当にそう思う。

ウィトゲンシュタインが哲学の問題に真摯に全力で向き合っているように、わたしもこの哲学者に自分の脳だけで対峙しようと思った。もちろん「対峙する」などという言い方が、おこがましいのは充分わかっている。なにしろ相手が相手だし、わたしはわたしだから。でも、できるかぎりのことはやったつもりだ。

その結果が本書である。お楽しみください。

続・ウィトゲンシュタイン

『哲学探究』入門

もくじ

第一章 理解すると読む

第二章 規則にしたがう

第三章 私的な言語

第四章 痛みについて

第五章　考えるということ

装丁―花村　広

【凡例】

◎『哲学探究』のテキストは、以下のものを使用した。

Philosophische Untersuchungen, Suhrkamp Taschenbuch Wissenschaft 1977.

Philosophical Investigations, The German text,with a revised English translation Third edition translated by G.E.M.Anscombe, Blackwell Publishing 2001.

Philosophical Investigations, The German text,with an English traslation by G.E.M.Anscombe, P.M.S.Hacker and Joachim Schulte Revised 4th edition by P.M.S.Hacker and Joachim Schulte, Blackwell Publishing 2009.

◎邦訳

『ウィトゲンシュタイン全集8 哲学探究』（藤本隆志訳、大修館書店、一九七六年）
『ウィトゲンシュタイン『哲学的探求』第1部読解』（黒崎宏訳・解説、産業図書、一九九四年）
『哲学探究』（丘沢静也訳、岩波書店、二〇一三年）
『哲学探究』（鬼界彰夫訳、講談社、二〇二〇年）

本書において引用するにあたり、四種類の翻訳を大いに利用させていただいた。地の文との兼ねあい、語句の好みなどにより変更させていただいた部分もある。『哲学探究』以外の引用にかんしても同様である。訳者の方々に深甚なる謝意を表したい。なお『哲学探究』の引用箇所に挿入した番号は節番号である。

第一章　理解すると読む

一、意思疎通の可能性（第143節）

わたしたちは、ほかの人に自分の思っていることを伝えられるのだろうか。他人にこうしてほしいと思っていて、それをことばで伝え、その人がその通りにしたとき、自分の思いは、他人に伝わったといえるのだろうか。あるいは、ことばで伝えたにもかかわらず、まったくちがったことをほかの人がしたとき、こちらの思いが伝わらなかったのだろうか。それとも、そもそも「思い」など、どこにもないのだろうか。

ここから、ウィトゲンシュタインの独特の世界に足を踏み入れていこう。こちらの思いが、なかなか他人に伝わらない奇妙な世界に、少しずつ入っていきたい。

＊

第143節で、ウィトゲンシュタインは、つぎのような「言語ゲーム」を考える。

これらの系列の最初には、十進法の自然数がくるようにする。――どのようにしてBは、この体系を理解するのを学ぶのか。――まずかれのために数列が前もって書きだされ、かれはそれを書きとるようにいわれる。すでにここに学習者の正常な反応と異常な反応とがある。――われわれはおそらく、0から9までの数列を最初に書きとらせる際、かれの手をとって教えてやる。ところが、そのとき、意思疎通の可能性は、かれがいまや自分で書きつづけていけるかどうかにかかってくるだろう。――(143)

ウィトゲンシュタインはここで、一つの言語ゲームを考えている。数字を書き下すように命令するゲームである。われわれが0から9までの数列を他人に書くように教える場合、何がおこっているのか。このように教える場合、わたしが数列を理解しているように、その相手にも理解してほしいと思う。しかし、もちろん、そんなことは、たしかめることはできない。そもそも、自分が数列を理解しているとは、どういうことなのか、ということすら、よくわからないのだから。

ここでおきていることを(「理解」が、果たして伝わっているのかということを)、たしかめるためには、自分が書いているのと同じように、教わった人が書くかどうかに着目するしかない。しかし、そのことが、教わった人の理解と関係しているのかどうかということは、わからない。わたしが数列を理解しているのと同じように、生徒が理解しているかどうかとは無関係に、その生徒は数列を、わたしと同じように書く、あるいは、ときに書かない可能性があるからである。生徒が何を考えているのかは、決してわからない。生徒が書いた数列を見て確認するしか、〈理解〉を考える手がかりはないのだ。だから、ウィトゲンシュタインは、「意思疎通の可能性は、かれがいまや自分で書きつづけていけるかどうかにかかってくるだろう」と微妙な言い方をする。まず、「意思疎通の可能性」が強調されている。もちろん、これは、そもそも「意思疎通」という事態が成立するのか、という根本的な疑問が提示されているということだろう。さらに、もし成立したとしても、その「可能性」は、ひじょうに低いのではないか、ということだ。あるいは、「可能性」としてしか語ることはできない（意思疎通は、実現はしない）ということでもあるだろう。

そして、この「可能性」は、具体的に書きつづけるかどうかにかかってくるとウィトゲンシュタインはいう。しかし、これは、意思疎通が実際におきたかどうかが、書きつづけたことに依存しているというのではない。意思疎通がなされていれば、書きつづけることができ、意思疎通がなされていなければ書きつづけることができないというわけではない。

書きつづけていけば、「意思疎通の可能性」があるといっているだけである。あくまでも、「意思疎通」を前提にしているのではなく、その「可能性」を前提しているのだ。意志疎通がなされているかどうかは、決してわからない。その「可能性」だけが問題になっている。

だからウィトゲンシュタインは、さらにつぎのように話をつづける。

そして、ここでわれわれは、たとえば、かれがいまやたしかに自分で数字を書き写してはいるが、しかし数列にはしたがわず、不規則に、あるときはこれ、あるときはあれを書いている、と想像することができる。すると、そのとき、そこで意思疎通が途絶えてしまう。――しかし、ひょっとするとかれは順番を〈誤って〉いるのだ。――この場合と最初の場合とのちがいは、もちろん頻度のちがいである。――あるいは、かれはシステマチックな誤りをおかしていて、たとえばつねに一つおきに数を書きとっていたり、あるいは、0, 1, 2, 3, 4, 5, ……なる数列を 1, 0, 3, 2, 5, 4, ……というふうに書き写しているのだ。ここにおいてわれわれは、かれがわれわれをまちがって理解したのだ、とついいいたくなってしまう。（143）

やはり生徒は、こちらが教えたつもりの数列は書かない、（教えたわたしから見て）不規則に書いていく。あきらかに意思疎通は成立していなかったと考えざるをえない。しかし、この「不規則さ」は、たんなる「でたらめ」とはちがう可能性もある。順番をまちがえているのかも知れない。1番目―0、2番目―1、3番目―2、……という順番を、3番目から始めて、4番目、5番目とつづけてしまっただけかも知れない。つまり、2, 3, 4, ……と書いてしまっただけかも知れない。ようするに、数列そのものの誤りではなく、自分なりの順番で書いただけかも知れないのだ。かれのなかでは、まちがっているわけではないのである。

あるいは、システマチックな「まちがい」をおかしていることもあるだろう。一つおきや連続する数を逆にするといったやり方だ。もともとの数列とは異なるが、それなりにルールが存在する。このような場合、教えた方は、かれは、「まちがって理解した」といいたくなるだろう。つまり、理解という共通の基盤は共有しているけれども、その共通の基盤のなかで、生徒の方がまちがったといいたくなるのだ。

もし生徒が完全に不規則に数列を書き始めた場合はどうだろう。そこに何の法則性もなく、自分がかれの前で書いた数列とは何のつながりもない場合、「意思疎通」ということ自体が不可能になってしまうだろう。この場合は、「意思疎通」にかんしては、何の手がかりもない状態ということだ。ただ、数列を書くことを指示したことだけは伝わっている、不思議なことに。

しかし、何か理解のための共通基盤がある場合、生徒の誤りの理由を類推することが可能になる。こちらの数列理解が基準(いわば固定点)になって、類推することが可能になるからだ。「意思疎通の可能性」がでてくるというわけである。システマチックな誤りであれば、なおさらだ。暗号を解読するように、生徒の誤りを解読し、「理解」することが可能となる。かれは「まちがって理解していた」と、われわれもかれのことを「理解」することができる。これが「意思疎通の可能性」ということだろう。「可能性」の平面を開くことによって、「意思疎通」や「理解」といったことがおこるのである。まったく意味不明のでたらめではなくなっていく。

しかし、ウィトゲンシュタインは、注意をうながす。

しかし注意せよ。不規則な誤りとシステマチックな誤りとのあいだには、すなわち、あなたが「不規則な誤り」と呼び、「システマチックな誤り」と呼びたくなるような二つのもののあいだには、はっきりした境界など存在しないのである。(143)

「意思疎通の可能性」の領域は、きちんと画定されているわけではない。たしかにある種の規則性があるはずだと見当をつけ、いろいろ考えてみたところで、結局、まったくわからず、完全に「不規則な誤り」をしているだけ、ということもあるだろう。われわれの「意思疎通の可能性」の平面は、まったく意思が通じない非合理で完全に不規則な領域と地続きなのだ。これは、ある意味で恐ろしいことである。

さて、ウィトゲンシュタインは、この節の最後につぎのようにいう。

このとき、人はひょっとしたらかれをシステマチックな誤りの習慣から遠ざけることもできるだろう(悪習から遠ざけるように)。あるいは、かれの書き写し方を認めたうえで、通常のやり方をそのやり方の変種ないしヴァリエーションとして教えこむよう努力する。——そして、ここでもまた、われわれの生徒の学習能力が途絶えてしまうことがありうる。(143)

システマチックな誤りであれば、それがどのような規則性にのっとっているのか、どうにか理解できるので、教える方でも、そのシステマチックな誤りを修正することはできるだろう。「そのやり方はまちがいだから、このように修正する」といえばいい。あるいは逆に、通常のわれわれの言語ゲームの方を、システマチックな誤りだといって、相手のやり方こそ、基準となるようなものだということもできるだろう。つまり、何らかのやり方で、「ちゃんと」教えることもできる。

たとえば、ふつうに数列を書けば、1,0,3,2,5,……となるのだが、システマチックに操作することによって、0,1,2,3,4,……という数列が一つのヴァリエーションとしてでてくるという。1,0,3,2,5,……の方が正しいのだが、0,1,2,3,4,…でも、充分認めることができると教えるわけだ。生徒のやり方に、こちらが合わせるのである。

しかし、ここでもまた、生徒が、1,0 3,2,5,4,……という基準となる数列を異なったふうに解釈し、結局0,1,2,3,5,……という変種に、どうしてもたどり着けないこともあるだろう。つまり、「生徒の学習能力がついていけない」(理解にたどり着けずに、途絶えてしまう)こともありうるというわけだ。

二、理解する（第146節、第148節〜第151節）

さて、そもそも「理解」というのは、どういう事態なのだろうか。数列を教えるとき（「意思疎通」が成立しているかどうか不確かな現場）で、「理解する」という動詞を使うことは、果たしてできるのだろうか。

生徒が「数列を百台まで書きつづけたら、かれはこの体系を理解したのか」とわたしが問うとしたら？　あるいは、——わたしがわれわれの原初的な言語ゲームのなかでは〈理解する〉ことについて語るべきではないのなら、かれが数列をそこまで正しく書きつづけるとき、かれはこの体系を自分のものにしているのか。——そこであなたはおそらくいうだろう、その体系を自分のものにする（あるいは理解する）ということは、数列をこの数まで、あるいはあの数まで書きつづけることによって成りたつはずがない、そんなことは理解の応用にすぎない、と。理解そのものは一つの状態であって、そこから正しい使用が生まれてくるのだ、と。（146）

教わっていた生徒が、数列を書きつづけることができたとしよう。その場合、生徒は、その数列の体系を「理解した」といえるのか、というのがつぎの問題になる。ウィトゲンシュタインの言語ゲーム論において、この「理解する」ということばは、常識的な意味をもってはいない。〈理解〉という内的な経験を、最初に前提するわけにはいかないからだ。だから、ウィトゲンシュタイン本人も、「理解する」を「自分のものにする」といいかえる。そして相手にこう反論させていく。「体系を自分のものにする（あるいは理解する）ということは、数列をこの数まで、あるいはあの数まで書きつづけることではなく、一つの状態であって、そこから正しい使用がでてくるのだ」と。

ここで相手はいつものように、内的なもの（理解・自分のものにする）から出発して、外的な行為（数列を書きつづける）が結果としてでてくるという。理解しているからこそ、数列を書きつづけることができるというわけだ。しかし、ウィトゲンシュタインは、逆の方向を示唆する。

すると、人はここでいったい何について考えているのか。ある数列をその代数式から導出することについて考えているのではないのか。あるいは、何かそれに類似したことについて考えているのではないのか。──でもわれわれはすでに一度そのことに触れた。われわれは、まさしく代数的表現の応用を一つ以上考えることができるのだ。そして、各応用例は、なるほど代数的に表現されうるけれども、しかし、あきらかにこのことによってわれわれが一歩前進する

わけではない。——応用は理解の基準でありつづけている。(146)

「理解」というものが、数列の代数的表現をマスターすることであれば、一度、その代数的表現をマスターすれば、いくらでも、具体的に数列を書きつづけることができるだろう。しかし、先にウィトゲンシュタインが例をだしていたようなシステマチックな誤りをする場合は、結局、その応用をたしかめない限りは、どの代数的表現をマスターしている(理解している)かどうかはわからない。理解したから、「正しい」応用ができるわけではなく、応用がこちらの思惑通りであれば、理解していたということになるだろう。つまり、「応用の方が理解の基準である」ことになる。

さらにウィトゲンシュタインは、「理解」や「知識」について、つぎのような奇妙な問いかけをする。

しかし、この知識は何によって成りたっているのか。わたしはたずねたい、いつあなたはこの応用を知っているのか。つねにか。昼も夜もか。あるいは、あなたがちょうど数列の規則を考えているあいだだけなのか。すなわち、あなたは、ABC や九九を知っているように応用を知っているのか。それとも、あなたは、ある意識の状態、あるいは出来事——たとえば何かについて考えているといったこと——を〈知識〉と呼ぶのか。(148)

われわれが数列を理解し、それを自らの知識としたとき、その理解や知識は、四六時中われわれのもとにあるのか、というのだ。ウィトゲンシュタインは、ここから「理解」や「知っている」という動詞の文法的な考察に移っていく。もちろん、ここでいう「文法」というのは、通常の表層的なもの（「学校文法」のようなもの）ではなく、語の無意識とでもいうべき「深層文法」のことである。（チョムスキーのいう「深層文法」とはまったく関係ない）

たとえば、われわれは、「歩く」「怒る」「知る」「理解する」といった語を、同じ動詞としてあつかう。無意識のうちで、同じ働きをするものだと考えてしまう。しかし、ウィトゲンシュタインによれば、これらの動詞は、「文法的」にはっきり異なる。わかりやすくいうと「一日中歩いていた」や「一日中怒っていた」は、日常的に問題なく使えるが、「一日中理解していた」や「一日中知っている」とは決していわないだろう。あきらかに、前者は、その振舞でたしかめられる動詞であるのに対して、後者の二つは、振舞や行為において直接あらわれることはない。

われわれが確認できるのは、実際に数列を書きつづける行為であり、実際に言語を話したり、詰将棋の問題を解いたりする行為なのだ。数列や外国語を「理解している」や、詰将棋に「習熟している」は、振舞や行為にはならない。ウィトゲンシュタインは、次節の欄外につぎのように記している。

（a）「ある語を理解する」は、一つの状態。しかし、ある心の状態なのか。――悲しみ、興奮、痛みをわれわれは心の状態だという。つぎのような文法上の考察をおこなえ。われわれはいう、

「かれは一日中悲しんでいた。」

「かれは一日中ひどく興奮していた。」

「かれは昨日から間断なく痛みを感じていた。」

われわれは「わたしは昨日からこの語を理解している」ともいう。でも「間断なく」か。――むろん、人は理解の中断について語ることができる。しかし、どんな場合にか。「いつ君の痛みが和らいだのか」と「いつ君はその語を理解できなくなったのか」とを比較してみよ。（149〈欄外〉）

「ある語を理解する」とは、どのような事態なのか。それは、「心の状態」なのか。これが、ウィトゲンシュタインの問いだ。「理解する」「知る」が、「歩く」「走る」「怒る」といった動詞とあきらかに異なっていることは、わかるだろう。では、いったい、どうちがうのか、ということである。「悲しむ」「興奮する」「苦しむ」は、時間的な幅をあらわす表現とともに使うことができる。あきらかに持続する状態をあらわす動詞なのだ。ただ、この三つの動詞のあいだでも、こまかいちがい

があることはわかるだろう。

たしかに「一日中悲しむ」ということはある。しかし、それを周りの人間がたしかめることができるだろうか。「一日中泣きつづけていた」「一日中暗い顔をしていた」といいかえれば、たしかに「一日中悲しんでいた」の振舞として確認できると考えられるかも知れない。だが、この「泣く」や「暗い顔」が、どう「悲しみ」と関係しているのかは、結局のところわからないだろう。ただ、「悲しむ」という動詞に「一日中」という時間の持続をあらわす副詞をつけることには違和感はない。「悲しむ」という動詞と「一日中」といった一定の時間を示す副詞とは、「文法的」に密接につながっているというわけだ。

それでは、「興奮する」はどうか。「ひどく興奮した状態」は、どのような振舞や具体的行為によってたしかめられるのだろうか。たしかにこれは、「悲しむ」という動詞よりも確認するのが大変かも知れない。「興奮している」ことを、はっきりとあらわす仕種や振舞は、あるだろうか。大きい声や激しい身振りだろうか。しかし、これは、ほかの多くの状態（「怒っている」「いらいらしている」「驚いている」など）とも重なるので、「興奮している」という動詞とだけ関係しているというわけではないだろう。

もちろん、「悲しむ」も、最終的には、外的振舞と一対一対応しているわけではないので、この「興奮している」と同様だ。そして、「悲しむ」も「興奮している」も、時間の幅をあらわす副詞と、文法的に違和感なくつながる。ただここで「一日中」という語にも着目してみよう。「一日中」が「一瞬の隙もなく、二四時間ずっと」という意味であれば、「悲しむ」「興奮する」という動詞と一緒に使われる場合、厳密な意味で「隙間なく二四時間」という意味ではないことがわかる。

ではつぎの文(「かれは昨日から間断なく痛みを感じていた。」)は、どうか。この文での副詞は、「昨日から間断なく」である。あきらかに「一日中」とは異なり、かなり絶え間のない持続が強調されている。そして日本語の語感でいえば、「間断なく」は、「悲しむ」や「興奮する」とは、結びつかない。ところが、「痛む」という動詞とは結びつく。なぜか違和感はない。

やはり、これは、「痛み」の特徴(身体的なものに限る)である。「痛み」が、身体的部位に関係するということからきているのだろう。たしかに「痛い」には、二種類ある。「間断なく」に結びつくのは、身体的な「痛み」の方だ。知覚可能な身体の場所の「痛み」から発生するからだ。つまり、この特徴は、「悲しむ」にも「興奮する」にもないものであって、「痛む」といった動詞だけのものだ。たしかに、「痛い」のは、身体の部位ではなく、その身体をもつ本人であるけれども、その「痛み」とはっきり一対一対応する身体の特定の場所があるので、「痛み」を特定することができるのだ。だから「間断なく」という副詞が結びつくことができる。実際に時間のなかで、ある種の「かたち」(塊《かたまり》的な何か)をもってあらわれるということだろう。

だからこそ、「一日中」などの漠然とした副詞ではなく、「間断なく」や「ひっきりなしに」や

「ずっと」といった連続した時間をあらわす副詞と結びつきやすいといえるだろう。したがってウィトゲンシュタインも例にだしていたように、「痛みの中断」(「いつきみの痛みが和らいだのか」)についても語りやすい。

これら三つの動詞の文法と、「理解する」という動詞の文法とは、どうちがうのだろうか。

(b)いつ君はチェスができるのか、とたずねられたらどうか。いつもできるのか。それとも、駒を動かしているあいだだけか。また、一駒動かすあいだに全ゲームをおこなう能力があるのか。——チェスができるということにそんな短い時間しかかからず、一勝負にははるかに長い時間がかかるというのは、何と奇妙なことだろう。(149〈欄外〉)

第148節で、「知識」と時間の幅(持続)との関係について考察したウィトゲンシュタインは、ここでもまた「できる」「能力」といった語の文法と時間との関係を考えていく。われわれがチェス(これ以降、わたしが説明しやすいように「将棋」に代えたい)をすることができるというのは、どういうことかという問題だ。

たとえば「君は、いつ将棋ができるの?」と質問されたとき、誰しも、「将棋をする時間が、君にはあるのか」という問いかけだと思うだろう。誰も、「きみは、いつ将棋をする能力を発揮できるのか」という問だとは思わない。しかし、これはなぜなのか。よく考えると不思議だ。以前どんなに将棋を指したことがあったとしても、つぎの瞬間にきちんとルール通りに将棋を指すことができるという保証はあるのだろうか。

小学生のときは、将棋を指していたけれども、大人になって、改めて指そうと他人に誘われたら、たしかにちゃんと「できるかどうか」不安になるだろう。たとえば角行と飛車の位置が曖昧だったり、禁じ手（二歩、打ち歩詰め、など）を忘れていたりするかも知れない（そもそも禁じ手を知らない可能性もあるだろう）。このように考えれば、たしかに「将棋ができる」といっても、その能力の方を根拠にして、実際に現場で指す将棋の方（「将棋を具体的に指せる」）を判断するのは、おかしなことだといえるだろう。

そもそもかなり将棋が指せる人でも、「千日手」の規定や「持将棋」の際の駒の計算などまで、こまかく知っている人は稀だろう。将棋の能力を判定するときに、たしかに将棋を指す現場の方が、先にある（確認する際に根拠となる）と考える方が妥当だ。

ただそうはいっても、「いつもできるのか」といった問や、「駒を動かしているあいだ」「一駒動かすごとに全ゲームをおこなう能力」といった言い方は、かなり違和感がある。やはり、時間の幅と能力とは相性がよくない。そして、最後の文は、とても面白い観点だと思う。将棋の能力を確認するのは、あっという間なのに、その能力を発揮する現場では、一勝負にかなりの時間がかかるというのだ。

たとえば、数列をつづけることができるようになった、と思うのは一瞬だが、実際に数列は無限に書きつづけることができる。無限に書きつづけなければ、本当にその数列を理解しマスターしたかどうかは、わからないはず（第147節）だというわけだ。「できる」「理解する」「知る」という動詞の文法には、いってみれば無限が潜在している。しかし、われわれの実践は、どう頑張っても有限なのだから、この「できる」「理解する」「知る」といった動詞がもつ潜在する無限を全面的に展開することは決してできない。

だから、ウィトゲンシュタインが感じる「奇妙さ」を少し誇張するならば（ウィトゲンシュタイン本人は、そう考えていないかも知れないけれども）、本来であれば、「将棋ができる」という能力の方が無限を潜在的にもっていて、具体的な将棋の一勝負は有限でごく短いはずなのに、われわれは、能力の確認にはほとんど時間を必要とせず、一局の方がそれに比べて随分長いという「奇妙さ」だといえるかも知れない。

これまでの考察を、短い文章でまとめているのが、第150節である。

「知る」という語の文法は、あきらかに「できる」「する能力がある」といった語の文法と密接に関係している。しかしまた、「理解する」という語の文法とも密接に関係している。（ある

技術を（マスターしている）こと）（150）

動詞らしい（?）動詞である「動く」「走る」「食べる」「悲しむ」などは、一定の時間の幅とかかわることができるのに対して、「知る」の文法は、時間的持続とは関係していない。それは、「できる」「する能力がある」「理解する」「マスターする」という動詞の文法と、とても密接に関係しているということだろう。ここでは、語の文法についてのこうした考察がなされたのだ。

そして、このような動詞は、「応用は理解の基準でありつづけている」という文の「理解」の側に属する動詞だといえるだろう。つまり、時間の幅をもたない「理解する」は、時間の幅をもつ「書きつづける」という「応用」によって顕在化されるというわけだ。潜在的な「理解する」の基準は、顕在的な行為である「書きつづける」なのである。ようするに、書きつづけることができるかどうかによって理解しているかどうかが決まるということだ。

さらに、ウィトゲンシュタインは、第151節では、つぎのようにいう。

さて、ところが、「知る」（「わかる」）という語にはつぎのような使い方もある。われわれは「いまやわたしはそれを知っている（わかった）！」といい、——まったく同様に「いまやわたしにはそれができる！」「いまやわたしはそれを理解している！」という。——（151）

「できる」「する能力がある」といった語と近い文法をもつ「知る」(「わかる」)ではなく、ある意味で、瞬間的な出来事としての「知る」という使い方もあるというのである。そして、この場合でも、同じように「できる」「理解する」という語と文法的に近い。

さらに、つぎのように使う場合の具体例もウィトゲンシュタインは挙げていく。まず最初に、

つぎのような例を考えてみよう。Aが数列を書いている。Bはそれを見ていて、数列のなかに法則を見つけようとする。それがうまくいくと、かれは「僕もつづけられる!」と叫ぶ。——すると、この能力、この理解は、何か一瞬のうちに生じるものなのだ。だから、そこで生じたことが何であるのか、注意してみよう。——Aは、1, 5, 11, 19, 29という数を書きつけた。そこでBは、「いまやその先を知っている」という。そこでは何がおこったのか。さまざまなことがおこりえたであろう。たとえば、Aがゆっくり数を書きつらねているあいだ、Bはさまざまな代数式を書きだされた数にあてはめようと躍起になっている。Aが19という数を書いたとき、Bは、$a_n=n^2+n-1$なる式をためしてみた。すると、直後の数がかれの仮説を確証した。(151)

まずは、数列にあてはまる数式に思いいたる場合。たしかに、$a_n=n^2+n-1$のnに、1, 2, 3, 4をあて

はめると、この数列はなりたつ。そして、この式に思いいたった直後にAが、29と書けば、nが5の場合なので、この仮説は正しいことになるだろう。

しかし、これはあくまでn=5まであてはまっただけであり、nが6以上の場合にあてはまるとは限らない。1, 5, 11, 19, 29, 19, 11, 5, 1とつづいていくかも知れないし、1, 5, 11, 19, 29, 1, 5, 11, 19, 29とつづく可能性だってある。数列は無限につづくのだから、$a_n=n^2+n-1$という式に有限個のnがあてはまったとしても、そこで、この数列を理解したとはいえないだろう。さらにつぎのような理解の仕方についても例をだす。

> しかし、別の場合、Bは式のことを考えていない。かれはある種の緊張感とともに、Aがどのように数を書きつけているかを見守る。そのとき、かれの頭には雑多な、はっきりしない考えが交錯する。最後にかれは、「この数と数との差は、どんな数列なのか」と自問する。かれは、4, 6, 8, 10であることを見いだし、いまや先をつづけることができるという。(151)

一般化された数式には思いいたらなかったけれども、項差（連続する数の差）に気づき、つぎつぎに数列を書きつづけることができる。しかし、これもこの項差がどこまでつづくかは、たしかではない。たしかに、4, 6, 8, 10の項差の数列について、1, 5, 11, 19, 29までは、この理解はまちがっていなかった。しかしそれ以上の数列については、この項差がそれまでと同じ規則によってつづいていくかどうかはわからない。つづく可能性は、ひじょうに高いけれども、かならずそうなるとはいえない。原理的に確実ではないのである。

それでは、つぎのような場合はどうだろう。

あるいは、かれ（B）は、ちらっと見て、「あ、この数列なら知っている」といい——先をつづけていく。Aが1,3,5,7,9という数列を書いたなら、おそらくそうしたように。——あるいは、かれは一言も発せず、ただ数列を書きつづけていく。おそらくかれは、「そんなのは易しい！」というときの感じをもったのであろう。（151）

数列をあらわす数式がわかったわけでもなく、数とつぎの数との差の関係に気づいたわけでもないのに、すぐに理解する場合がこれだ。どのようにしてわかったのかは、こちらにはわからない。ただ、奇数の数列と同じくらい容易に、この数列がどのようにつづいていくのかがわかるというのだ。

たとえば、これは、ふつうのプロ棋士でも一目では解けないくらいの長手数の詰将棋を、藤井聡太が一目で解くような感じだろうか。どのような手順で解けたのかはわからないけれども、とにかく一気に正解手順へたどり着く。

しかし、これは、どんなに長い手数でも、有限で、誰もが確認できるルールでつくられている詰将棋の場合だ。無限につづき、しかも、どこで新たなルールが補足的につけくわわるか想定できない数列とは根本的に異なるだろう。数列の天才が、その数列をわかったと思っても、先が予想つかない無限の数列を完全にわかるのは、原理的に困難なのである。

三、理解という現象(第153節〜第155節)

ウィトゲンシュタインは、「理解」についてのこうしたこまかい考察のあとで、「理解」という現象(といえるかどうかも問題であるけれども)がどのようなものかということをまとめ始める。

われわれはいまや、かなり粗い、したがってわれわれの目につきやすい随伴事象の背後に隠れていると思われる理解という心のなかの出来事を把握しようとしている。しかし、それはうまくいかない。あるいは、もっと正確にいえば、それは現実の試みにまでいたらないのである。かりにわたしが理解のあらゆる場合に生じている何ごとかを発見したと仮定しても、――なぜそれが理解でなくてはならないのだろうか。たしかに、わたしが理解しているがゆえに「いまやわたしは理解している」というとき、どうして理解という出来事が隠されていることなどありえようか?! そして、もしわたしがそれは隠されているというのなら、――どのようにしてわたしは、そのとき自分の追究すべきものを知っているのだろうか。わたしは混乱している。(153)

「理解」を「心のなかの出来事」という言い方をする相手に対して、ウィトゲンシュタインは、「それはうまくいかない」という否定的な答をする。「理解という出来事が隠されている」などと前提すること自体がおかしいという。たとえば、数式を「理解した」「わかった」といったとき、なぜその背後に「理解という出来事が隠されている」とわれわれは考えるのか。なぜ、「理解した」「わかった」といったときの状況そのものを「理解した状況」と呼んで終わりにしてはいけないのか。その状況こそが、まさに理解であり、それ以外どこにも「理解なるもの」はないのではないか、とウィトゲンシュタインはいう。

「理解した」「わかった」といったとき、なぜそのはっきりした状況とは別に、「理解」「知る」という出来事がどこかに（たとえば、心のなかに）なければならないのか。しかも、それが、その明白な状況とは別のどこかにあるはずだとなぜ最初から前提しているのか。「理解」「知る」そのものは、どこかに隠れているはずだと、われわれは、もともとわかっているのだろうか。「理解」「知る」そのものを想定し、かつ、それが〈どこかにある〉と考えるという二重の意味で、「理解する」「知る」を純粋な出来事と考え、それを探すという姿勢はおかしいとウィトゲンシュタインはいうのである。

たしかにわれわれは、あたり前のこととして、「理解」や「知る」といったことに、何らかの出来事（最もありそうなのは、「心的出来事」）が随伴しているはずだと思っている。そうでなければ、何かを理解したあとに、その理解にもとづく説明や、理解したと思われる問題に対する解答などできないはずだと考えるからだ。しかし、ウィトゲンシュタインの以上のような議論によりそうならば、われわれの「理解」は、実際に何かを説明したり、問題に正解をだしたりすることによってしかたしかめられない。「理解」そのものの存在は、わたしたちには、わからないのだ。あくまでも実践や行為の方が、先行しているということになるだろう。ウィトゲンシュタインは、第154節と第155節で、これまでの「理解する」にかんする議論の結論をいう。

まずは、第154節を見てみよう。

もし〈式を口にすることの背後に〉何かがなくてはならないとしたら、それは——式に思いいたったとき——わたしが書きつづけられるというのを正当化してくれるようなある種の状況である。（154）

「理解する」ということの〈背後〉に、——ただし、あくまでも正しい理解を示す〈式を口にする〉という知覚可能なものの背後なのだが——何かあると想定しなければならないのであれば（もちろん、そうする必要などないのだけれども）、それは、「ある種の状況」だろうとウィトゲンシュタインはいう。「理解」というのは、内的な出来事ではなく、それが突然あらわれたとき（式の発声、詰将棋が解けたとき、など）の誰もがたしかめられる「状況」だという。

だから、こういう。

理解を〈心的な出来事〉などと決して考えるな！　――なぜなら、それは あなたを混乱させる語り方だから。代わりに問え。どのような場合に、どのような状況で、われわれは、「いまやわたしはその先を知っている」というのか、と。つまり、自分が式に思いいたったとして。

――

理解に特徴的な出来事（心のなかの出来事もまたそうなのだが）が存在するという意味では、理解は心のなかの出来事ではない。

（痛みの感覚の増減や、メロディや文章が聴こえるのは、心のなかの出来事）（154）

ここでウィトゲンシュタインは、「理解は心のなかの出来事である」などと考えてはいけないと断言している。「理解する」という動詞が、時間の幅をもたず、根源的に潜在性の領域（この言い方も危険ではある）とかかわるというのは、そのままでは、具体的な「出来事」と対応していないということになるだろう。そして、「理解する」ということを、何らかのかたちで把握しようとするならば（時間の幅がないので、本当は無理なのだが）、その語を発話する状況が「それ」だとしかいえないとウィトゲンシュタインはいうのだ。ほかの人によって確認できる状況で初めて、「理解」が、その後姿を見せるのである。

ただし、（　）のなかで、「心のなかの出来事」をそもそも否定しているわけではないことも補足している。「痛みの感覚」の増減や、メロディや朗読を聴くというのは、「心のなかの出来事」だという。身体と密接に関係している出来事（痛覚や聴覚にかかわるもの）で、ほかの人にも確認できるようなものは、「心のなかの出来事」といえるというのだ。つまり、それは、時間的な持続を身体的なものにより確認できるという意味で、「出来事」ということができるのである。

さて、つぎの第155節では、つぎのようにいう。

> つまり、わたしのいいたかったのは、かれが突然その先を知り、そのシステムを理解したのなら、かれはひょっとしたら特別な体験をしたかも知れない、ということだ。——その体験は、人がかれに「あなたがそのシステムを突然把握したとき、どんなことがおこったのか」とたずねたら、われわれが先に記述したのと同じようにかれが記述するであろうようなもの——なのである。われわれにとって、かれがそのような場合に自分が理解している、その先を知っているというのを正当化するものは、かれがそのような体験をした状況なのである。（155）

ウィトゲンシュタインは、突然「知り」「理解する」というのは、たしかに「特別な体験」であることを認める。しかし、その「体験」は、何かその背後に「特別な心的出来事」が隠れているというものではない。特別で独特なことが心のなかでおこったから、突然の「理解」や、天啓のように「知る」ということがおこったわけではない。それでは、「理解」や「知る」ということを説明するために何か必要なのか。それは、そのような体験がおきた具体的な状況なのである。そして、その状況は、もちろん、ほかの人にもたしかめられるものであるし、体験者も、たとえば思わず口にだしたり、紙に式か何かを書きつけたりするものなのだ。つまり、外的で確認可能な出来事からなる状況なのである。

四、「読む」という語（第156節）

さて、このように「理解する」「知る」という動詞（あるいは事態）のつぶさな観察につづいて、今度は、「読む」という語についてウィトゲンシュタインは考え始める。

第156節は、つぎのように話は始まる。

このことは、別の語、すなわち「読む」という語の考察を挿入すれば、いっそうあきらかになるだろう。まずわたしは、この考察において、読んだものの意味を理解することを〈読む〉こととみなしているのではない点を指摘しておかなくてはならない。読むとは、ここでは、書かれたものや印刷されたものを音声に変える活動のことであり、さらにまた、口述を書きとったり、印刷物を書き写したり、楽譜にしたがって演奏したり、等々の活動のことなのである。

われわれの日常生活のさまざまな状況下におけるこの語の使用は、われわれにとってはもちろんきわめてよく知られている。しかし、この語がわれわれの生活のなかで果たしている役割、そして、それとともにわれわれがそれを使っている言語ゲームは、大雑把に叙述するのさえ困難であろう。ある人、たとえばドイツ人が、学校あるいは家庭で、われわれにとってはふつうの授業を受けて、その授業において母語を読むことを学んだ。その後かれは本や手紙や新聞などを読む。（156）

なぜここで、ウィトゲンシュタインは、「読む」という動詞に注目したのだろうか。いままでの考察は、「理解する」「知る」という動詞についてのものだった。これらの動詞を使うのは、文法的に（もちろん、ウィトゲンシュタインのいう意味での「文法」）どのような事態なのか、ということであった。そして、これらの特徴は、「できる」「熟達している」「マスターしている」といった言い方と同様に、時間的な幅をもたない語というものだった。つまり、これらの動詞は、原理的に潜在性をあらわす語だといっていいだろう。

そしてそれは、「歩く」「食べる」「苦しむ」といった語とは文法的に対極の（「時間の幅をもつ、もたない」という基準で）位置にあるということだ。そのような分類からすると、「読む」というのは、どのような文法的特徴をもつのか。われわれが文章を読むとき、具体的に時間の幅をもつだろう。声をだせば、はっきり他人に知覚され、読んでいる本人も、読んでいることを意識して時間の経過も実際に経験する。つまり、そういう点からは、「歩く」「食べる」といった語と同じ種類の動詞だということになるだろう。

しかし、「読む」には、もう一つの側面もある。ある文章を「理解しながら読む」という側面だ。「読む」という時間の流れのなかでの行為であると同時に、「理解しながら」という時間の幅をもたない要素もそこに入りこんでくるのだ。本を読むというのは、基本的には、その本の内容を理解するためのものである。しかしまた、たとえば未習の外国語の発音だけを学んで、内容の理解とはかかわりなく、ひたすら「読む」（発音する）ということもできる。これもまた、「読む」のもつ特徴だ。

このように考えれば、「読む」という動詞は、「文法」的に、時間の幅をもちつつ、潜在性（「理解する」）の側面もあわせもっているということになる。さらに、「理解」していなくてもひたすら「読む」ということも可能だ。先ほどの分類（「時間の幅をもつ、もたない」）の二領域にまたがる実に興味深い動詞だといえるだろう。

だからこそ、この節の最初の部分でウィトゲンシュタインは、「読む」の具体的な行為の側面（「歩く」や「動く」と共通した側面）を強調しているのだ。「理解する」と同じような意味の「読む」ではない、二重の意味をもつ「読む」なのだ、とあえていっているのである。

そして、この「読む」という語を使う行為をウィトゲンシュタインは、「言語ゲーム」と呼ぶ。「読む」という動詞を使うことができるさまざまな場面は、一つの「言語ゲーム」として考えることができるというわけだ。もちろん、「言語ゲーム」は、言語だけで成りたつものではない。そのしていている。

「ゲーム」に参加している多くの人々の振舞や表情、行為などもろもろの身体的、物質的側面も関与している。

ウィトゲンシュタインは、読むという行為の考察に、慎重に足を踏みいれる。

さて、かれがたとえば、新聞を読んでいるとき、何がおこっているのか。――かれの眼は、――いわば――印刷された語をたどっており、かれはそれらを発音している、――あるいは自分だけにいいきかせている。ある語は印刷されたかたちを全体として把握され、別の語はかれの眼が最初のシラブルをとらえたあとで、さらにいくつかのものはシラブルごとに、あるいは、ひょっとしたら一文字ごとに読みあげられていく。（156）

「読む」という動詞は、ある意味で、語の「文法」における二つの領域の接触面である。「理解」や「知る」といった動詞と、具体的に数列を書きつづけたり、問題の答をだしたりする行為をあらわす動詞との接触面なのである。これらの「語の文法」を探るには、うってつけの動詞なのだ。したがって、「読む」という行為をウィトゲンシュタインは慎重に記述していく。

「読む」という事態が、眼（視覚）や発音（発声器官）や耳（聴覚）に深くかかわるものだということが詳細に描写される。また、読む際に、われわれは、印刷された語やそのかたち、つまり文字そのものといった物質的な側面とも密接に関係していく。文章を読むというのは、印刷された物質的なものを視覚でとらえ発声し、それを耳で聞く、一連の行為なのだ。

そしてその読み方は、語全体をとらえたり、あるいは、シラブルごとに、あるいは、一文字ごとに読むこともある。読者と印刷された文字との関係は、それほど単純ではない。何か、理想的な「印刷された文字との関係」（読むという行為）があるわけではない。それぞれの読者が、唯一無二の行為として「読んでいる」のだ。「家族的類似」（さまざまな似ている要素が錯綜している）的な多様な「読む」という行為があるだけなのである。

しかし、もちろん、これだけが「読む」という語の使い方ではない。さらに、ウィトゲンシュタインは、つぎのように観察をつづけていく。

われわれはまた、読んでいるあいだかれが声を発せず、自分にいいきかせてもいないのに、そのあとで文章を一語一語あるいはそれに近いかたちで再現できるのなら、かれはその文章を読んだ、というだろう。――かれは自分の読んでいるものに注意を払うこともできるし、また――いわば――たんなる読みとり機械として、自分の読んでいるものに注意を払うことなく大声で正確に読むこともできる。ひょっとすると自分の注意力を何かまったく別のことに向けているかも知れない（そのため、かれは自分が何を読んでいたか、読んだ直後にたずねられて

も、答えることができない)。(156)

知覚できる領域や物質的な側面から少し離れて、「読む」のもつ心的な側面を見てみよう、というのが、この部分である。視覚と印刷された文字との関係も、あたかも「家族的類似」をなすように、さまざまであるのと同じように、いわゆる一般に文章を「読む」というあり方(物質面から少し離れた)も多様だ。

ある人が、文章を読んでいて、とくに音読もせず、読み終わったような振舞をしたあとで、その文章のほとんどを口にだしていうことができたならば、「かれはその文章を読んでいた」といえるとウィトゲンシュタインはいう。つまり、とくに音読もしていないのに(はっきりと文字をたどっていた証拠はない)、文章を再生したのだから、「読んでいた」という証拠になるというわけだ。

ここで、内的な領域が顔をのぞかせたともいえるだろう。われわれは、一度読んだものを記憶し、くりかえすことができる。そして、そのような行為こそ、「読む」という語の最も本来的な意味であるようにも思われる。つまり、「かれはその文章を読んでいる」という文で、われわれが普段意味しているのは、このような事態なのではないか。しかし、「読む」という行為は、ほかにもいろいろな種類のものがある。「注意を払って読む」こともあるだろうし、「単なる読みとり機械のような」読み方も可能だ。後者の場合だと、読んではいるものの、あとでその内容をたずねられても、まったく答えることができない。これは、先の黙読していた人が、あとで読んでいた文章を再現できるのと正反対の事例だろう。「読みとり機械のように」読む行為は、一見、内的な経験のように見えて、まったく表面的で身体的な行為だったということになるからだ。このように考えると、「読む」という動詞があらわす領域が、知覚可能な領域（「読みとり機械のような」読書）と心的出来事（黙読後、一言一句再現できる読書）との境界面であることがよくわかるだろう。

そして、つぎに初心者と、通常の読者とをウィトゲンシュタインは比較する。

いま、この読者と初心者とを比較してみよう。初心者は苦心して文字をたどりながら語を読む。――しかし、いくつかの語は文脈から推測するし、あるいはその読み物をたぶん部分的にはすでに暗記している。そのとき教師は、かれが実際には語を読んでいない、という（また、あるときには、かれが読んでいるふりをしているのだ、ともいう）。

このような読み方、つまり初心者の読み方を考え、読むということが何によって成りたっているのかを自問すると、われわれは、それが特別で意識的な精神活動である、といいたくなってしまう。（156）

たとえば外国語を新しく勉強し始めるとしよう。まだ学び始めて間もないころは、文字自体がわかりにくく一文字一文字たどりながら、たどたどしく読んでいくだろう。易しい文は、もしかしたら、すでに暗記しているかも知れない。ただ全体として流暢には読めないだろう。その言葉を教えてくれている人の前で、そんなふうに統一がとれず引っかかりながら読むと、たしかに「ちゃんと読んでいない」と、その教師は判断するにちがいない。もちろん、そのときの「読む」は、「意味をわかっていない」「読む」という行為になる。

こうした初心者の読み方と、その言語のネイティヴの読み方とは、あきらかに異なるだろう。このようなちがいに着目すれば、「読む」というのは、「特別で意識的な精神活動」だといいたくなるとウィトゲンシュタインはいう。もちろん、これは、否定的な意味でいっているのだ。

ここで、いくつかの語の領域をまとめてみよう。まずは、最もわかりやすい「歩く」や「食べる」といった動詞の領域だ。これらの語は、実際に知覚可能な行為をあらわす。すべての行為は顕在的なものだ。ウィトゲンシュタイン的な言い方をすれば「本物の持続」をもつ（具体的に時間がかかる）。

さらに、それとは正反対の「理解する」や「知る」といった語があるだろう。これは、「本物の持続」をもたない、純粋に潜在的な領域をあらわす動詞だ。決してそのまま、この現実に登場することはない。そして、三つ目が、「読む」という語の領域。「読む」という動詞は、「歩く」や「食べる」と同じように知覚可能なものでもある。しかし、同時に「理解する」や「知る」などのように、潜在性の領域にも、片足を突っこんでいる。わかりやすくいえば、「理解しながら読む」と「字面だけを読む」という二つの側面があるということだ。そして、ウィトゲンシュタインがここで問題にしているのは、「理解しながら読む」という場合の「理解する」と「読む」とをわけることができるのかどうか、ということである。そして、わけることができるのであれば、「理解する」の側面を「読むとは特別で意識的な精神活動」ということもできる。だから、「読む」という語は、この「意識的な精神活動」をとりだすのに、ぴったりの動詞なのである。

しかし、もちろん、ウィトゲンシュタインは、そのような結論にはいたらない。つぎのようにいう。

> しかし、わたしはいいたい。われわれが認めなくてはならないのは——印刷された語のどれか一つを発音することにかんしては——それを読む〈ふりをしている〉生徒の意識のなかで、それを〈読んでいる〉熟練した読者の意識のなかでおこっているのと同じことがおこりうる、ということだ。「読む」という語は、われわれが初心者について話す場合と、熟練した読者について話す場合とでは、ちがったふうに使われる。——われわれはもちろんこういいたくなる、熟練した読者におこっていることと、初心者におこっていることとは、かれらがその語を発しているとき、同じものではありえない、と。そして、たとえかれらに直接意識されていること

に何らちがいがないとしても、かれらの精神の無意識な働きのうちに、あるいはまた脳のなかにちがいがあるはずだ、と。——それゆえ、われわれはいいたくなる。ここにこそ、ともかく二つの異なったメカニズムがあるのだ!と。そして、それらのうちにおこっていることが、読むことを読んでいないことから区別するのでなくてはならない、と。——だが、こうしたメカニズムは仮説にすぎない。あなたが知覚していることを説明したり、まとめたりするためのモデルにすぎない。(156)

「発音している」だけの「読む」と、「理解しながら読む」とでは、はっきりちがう。そのちがいは、「無意識のうちに」あるいは、「脳のなかに」なければならない。ようするに、「二つの異なったメカニズムがあるのだ!」と相手はいう。このように主張する相手に対して、ウィトゲンシュタインは、あなたのいう「メカニズム」は、仮説にすぎないのであり、その仮説を証明するための証拠はどこにもない、という。われわれは、たしかに、そのちがいをわかっているかのように話す。そのようなちがいを、当然のこととして前提する。しかし、そのことは、誰も、どのような手段によっても、たしかめることはできない。「無意識」という概念は、そもそも何も指示していないし、「脳」という概念もまた、脳と理解との関係を仮定しているにすぎないからだ。「理解する」という事態が、はっきりと誰にでもわかるかたちでたしかめられない限り、この議論の結論はでない。これが、ウィトゲンシュタインのいいたいことなのだ。

たしかに、無意識や脳のなかでは、はっきりしたちがいがあるのかも知れない。しかし、それは誰にもたしかめられないし、その対応関係（読んでいる状態と無意識や脳との対応）は、どこまでいっても仮説にすぎないとウィトゲンシュタインはいうのである。あくまでも、われわれにわかるのは、「読む」という具体的で知覚可能な行為だけなのだから。

六、語の文法（第109節、第158節、第371節、第435節、第436節、第496節）

さて、このような脳と理解との対応関係を否定しているように見えるウィトゲンシュタインは、自らを批判する相手を登場させる。そして、つぎのようにいわせる。

しかし、このことは、たんに大脳や神経組織における諸過程についてわれわれがあまりにもわずかしか知らないからではないのか。われわれがそれをもっと詳しく知っていたなら、訓練によってどのような結合が生じたかがわかるだろうし、かれの大脳を観察したときに「この語をかれはいま読んだ、いま読みとりの結合が生じた」ということができるかも知れない。——そして、それはたしかにその通りであるにちがいない。——さもなければ、われわれはどうしてこうした結合が存在することに確信をもちえよう。それはきっとアプリオリにそうなのだ——それともたんにたぶんそうなのか。すると、どのくらいたぶんそうなのか。だが自問してみよ、こうした事柄について自分はいったい何を知っているのか。——でも、それがアプリオリであるなら、それは、われわれにとってきわめてわかりやすい叙述形式だということになる。（158）

ここで、大脳や神経組織において、ある過程が生じれば、それに対応して「読む」という事態が成立することがわかるという考え（ウィトゲンシュタインが想定する相手の）が提示される。大脳・神経組織と「読む」という行為が一対一対応しているというわけだ。それに対して、ウィトゲンシュタインは、実にふくみのある言い方で答える。「それはたしかにその通りであるにちがいない」（das *muß* wohl so sein）。しかも、muß（英語の must）は、イタリックで強調されている。

これは、どのようなことを意味しているのだろうか。「その通りである」ではなく、なぜ「その通りであるにちがいない」と強調するのか。さらにたたみかけるように、つぎのように相手にいわせる。「それはきっとアプリオリにそうなのだ」。「ちがいない」と「アプリオリ」という語で何がいいたいのか。もちろん、この「結合」が事実のレベルではないということだ。

事実のレベルでは、実際に声をだして文を読んだだけである。それは、誰もが確認できる。しかし、この大脳の過程と「読む」行為との結合は、万人によってたしかめられるものではない。多くの仮説を経て想定されるものだ。もし、この結合が存在するのであれば、それは「アプリオリ」なもの（経験をこえたもの）であり、そうなるに「ちがいない」ものなのだ。つまり、多くの仮説を経て想定されたものを前提（アプリオリなもの）にして、そこから説明することになるのである。

さらにウィトゲンシュタインは、「たぶんそうなのか」ときき、「何を知っているのか」という。

もし、「たぶん」という言い方しかできないものであるならば、この結合の成立についてさらにこまかい条件が必要だろう。しかも、たしかめることができるのは、「読む」という行為のみであって、その脳・神経組織との結合ではない。どれほどこまかい条件を示したとしても、知覚できるのは、そのつどの現象であって、「結合」ではない。「結合」そのものは、どこにもあらわれてはこない。そしてこれは、これまで議論してきた「知る」という語のあり方に似ている。つまり、「知る」という語そのものは、時間の持続をもたない潜在的なものにすぎない。「知る」という語を顕在的なもの（「わたしは～～について知っている」）にするためには、具体的に問題を解いたり、知識を披露したりしなければならない。その具体的行為から逆算して、「あの人は、～～について知っている」という結論をだすのだから。

ここには、同じ構造があるといえるだろう。具体的にわかるのは、「読む」行為だけであって、脳・神経組織との結合は、あくまで仮説にすぎない。この仮説を検証するすべはない。なぜなら、「結合」そのものは、具体的なものとしてあらわれることはないからだ。「知っている」ということが、具体的に時間の幅をもっていない（具体的にあらわれない）のと同様だ。

「自転車を運転できる」から「自転車を実際に運転する」を導きだすことはできない。「自転車を実際に運転する」とき、「自転車を運転できた」が導きだせるのだ。同様に、「脳との結合がある」から「理解しながら読んでいる」は導きだすことはできない。「実際に理解しながら読む」とき、

「脳との結合があった」が導きだせる。しかし、「実際に理解しながら読む」ことを確認することなど不可能だ。われわれにわかるのは「読む」行為だけなのだから。このように考えると、脳と読む行為との結合の確認は「知っている」や「できる」という動詞よりもはるかに面倒であることがわかるだろう。

最後にウィトゲンシュタインは、ある結論のようなことを述べる。もし、このような結合がアプリオリであるなら(経験によっては、たしかめられないけれども、存在しているのであれば)、「とてもわかりやすい叙述形式」だという。これは、あきらかに第156節の「仮説」や「モデル」と同じ意味だろう。たしかに、このような「叙述形式」をとることができるのであれば、説明はたいへんすっきりする。わかりやすく理解できるだろう。しかし、それはあくまでも仮説であって、その仮説を証明する手立ては存在しない。あくまでも「一つの説明」にすぎないのだ。そして、もちろん、ウィトゲンシュタインが目指しているのは、「説明」ではない。実際におこっていることを、つぶさに「記述」することだけだ。それだけがたしかなことなのである。われわれの言語使用の現場にいて、そこから出発するウィトゲンシュタインにとって「説明」とは、現場を離れることを意味するのだから。

「説明」と「記述」については、ウィトゲンシュタインは、第109節でつぎのようにいっていた。

だから、われわれはどのような種類の理論もたててはならない。われわれの考察においては仮説のようなものが許されてはならない。あらゆる説明が捨てられ、記述だけがその代わりになされるのでなくてはならない。そして、この記述は、自らの光明、すなわち目的を、哲学的問題から受けとるのである。これらの問題は、もちろん経験的な問題ではなく、われわれの言語の働きを洞察することによって解決されるのであり、しかも、その働きが、それを誤解しようとする衝動にさからって認識されるような仕方で解決されるのである。これらの問題が解決されるのは、新しい経験をもちだすことによってではなく、とうに知られていることを整頓することによってである。哲学とは、われわれの言語という手段を用いて、われわれの悟性にかけられた魔法に挑む戦いである。(109)

ここではウィトゲンシュタイン自身の方法論が宣言されているといっていいだろう。自然科学のように仮説をたて、それを実験によって実証し法則を見つけだすのではなく、言語の働き(文法)だけに着目して、それを執拗に記述していくというのだ。われわれは、言語によって、多くの誤解をし、まちがったものの見方をしがちだ。そのような誤解やまちがいを、言語の働きを記述することによってなくそうとするのが、ウィトゲンシュタインの「哲学」なのである。

だから、事態を「説明」するために、新たな仮説をたてるなどということは思いもよらない。それ以前にやらなければならない仕事が山ほどあるということだろう。「とうに知られていることの整理整頓」である。言語がわれわれにしかける罠を丁寧にあばく作業、言語ゲームの実際を詳細に「記述」するということ、これが哲学なのだ。そして、そのような罠は、「語の文法」という鬱蒼とした森にしかけられている。語がもっているある種の関係性のなかに、人知れず存在している。だから、ウィトゲンシュタインは、つぎのようにもいう。

言語がその目的を果たし、しかじかの仕方で人間に作用するためには、どのようにつくられていなくてはならないのか、文法は何もいわない。文法は、記号の使用を記述するだけで、いかなる仕方でもこれを説明しない。(496)

「語の文法」こそが、ウィトゲンシュタイン哲学の探究対象であり、その文法は、それ自身、語の使用を記述するだけで、説明は一切しない。この文法そのもののあり方に、よりそうこと(「説明」することなく、「記述」すること)こそが、ウィトゲンシュタインの手法なのである。

先に問題になっていた「理解する」という語を例にとって、その文法について改めて考えてみよう。さまざまな現象がおきているこの世界で、われわれは、ある一つの事態を「理解する」という動詞で表現している。ところが、そのような事態に対して「理解する」という語が、一度成立してしまうと、この語の「目的」や「作用」(「その事態をあらわす」こともふくめて)とは別に、その語の「文法」がすべてを蔽ってしまう。そして、この「文法」は、自らの都合で、記号の使用を「記述する」のであって、何らかの現象を「説明」したりはしない。

それでは、「理解する」とは、どのような事態なのか。あたり前のことだが、この問に答えるためには、「理解する」という語から始めるしか手はない。〈理解する〉という事態そのもの(「理解する」という語が指していると思われるもの)が、あるにしても、それをたしかめるのは、容易ではない。「理解する」という語を使わないで、事態そのものに近づき、それを把握しなければならないからだ。一度でも「理解する」という語を思い浮かべてしまうと、その語の影響を受けてしまい、この語が登場する前の〈事態そのもの〉には、たどり着けない。「理解する」という語の文法が、「理解する」という記号の使用を記述するだけだからだ。

だから、〈理解するという事態そのもの〉について、それがどのようなものかという問をたてたとしても、「理解する」という語が邪魔をする。しかし、原理的にたしかめることのできない仮説(〈理解する〉とはこのような事態だ)をたてずに考察するのは、不可能ということになるだろう。そしてそれは仮説にすぎない。このように考えれば、「理解する」という語の文法を文法レベルで記述していくしか手はない。「理解する」の具体的使用を記述したり、同じような使われ方をしている語を探し、それを記述していくしかないのだ。

しかし、この「文法レベル」とは、いったいどのような領域なのか。「理解する」という動詞には、時間的な幅がないというとき、われわれは、何を記述しているのだろうか。〈何かを理解する〉という純粋な事態を思い浮かべているのだろうか。だがウィトゲンシュタインは、このような〈何か〉(純粋な事態)を認めない。このような〈何か〉(純粋な事態)は、実際に問題を解いたり、言語を話したりしなければわからない。具体的な行為からさかのぼって、(問題を、言語を)「理解していた」ということがわかるのだから。

やはり「理解する」という語から出発するしかないのである。この語が、どのように使われているのか、ということを丁寧に見ていくしかない。しかし、だからといって、「理解する」という語の領域だけで話をすませようとしているわけでもない。「理解する」という語を使う際のわれわれのあり方をもふくめた次元で、語の使われ方を記述しようとしているのである。そして、この次元こそ、文法の次元なのだ。だから、文法の次元とは、言語のみの場所ではなく、語と具体的な現実とが、からまった場だといえるだろう。この〈場〉こそ〈文法〉なのである。そして、ウィトゲンシュタインは、つぎのような言い方もする。

> 本質は文法のなかで述べられている。(371)

もし「本質」なるものがあるとすれば、それは、すべて文法のなかで述べられているのであって、どこかに隠れているわけではない。たとえば、「理解する」という概念の本質を知りたいと思って、「理解する」という語が使われている現場を離れ、心理学や言語学の体系のなかに入りこむ必要はない。「理解する」という概念や語の本質は、その使用の現場、つまりは「文法」の次元にある。語と具体的な現実との厚みのある接解面にある。「理解する」という動詞を正しく使っていれば、すでにこの語の本質はあきらかだ。その使用（文法）において、明白に述べられているのだから。

「理解する」という語を、何の問題もなく使い、ほかの人たちと滞りのない言語行為をしている者にとって、「理解する」という語の本質は、日々の言語行為のなかで、すでにはっきりとあらわれている。誰しも、そのことを充分わかっている。それ以上「本質」を探す必要はない。これは、「何も隠されていない」という有名な文がでてくる第435節で、はっきりと言及されていることだ。

> 「文は描写するということを、どのようにしておこなっているのか」と人がたずねるなら、——その答は、「そんなことがわからないのか。自分で文を使えばわかるだろ」ということになるかも知れない。隠されているものなど何もないのである。
>
> 文はそれをどのようにおこなっているのか。——そんなことがわからないのか。隠されたものなど何もない。

しかし、「文がそれをどのようにおこなっているか、あなたは知っている。隠されているものなど何もない」という答に対しては、「それはそうかも知れない。でも、すべてがひじょうに素早く流れ去ってしまうから、わたしはそれを、いわばもっと間隔をあけて、バラバラにしてゆっくり見たいのだ」と返答したくなる。(435)

「文が描写する」とは、どのようなことなのか、という問をわれわれは、ついたててしまう。つまり、日々おこなっていること(「文を書く」)なのに、その背後にその現象の「本質」が控えているとつい考えてしまうのだ。そして、その「本質」は、具体的な行為や現象とは異なる、時間の流れには左右されないものだと思う。「もっとバラバラにしてゆっくり見たい」と思うのだ。時間の流れのなかで、素早く流れ去っていくものではない、たしかな「本質」をわれわれは知りたがる。

しかしウィトゲンシュタインは、そうした「本質が隠れている」といった考えは、われわれの先入見だという。そのような考え自体を否定する。それが、「隠されているものなど何もない」ということだ。わたしはいま文章を書いている。それがそのまま「文を書く」ということであって、それ以外に「本質」などはない。このことを別のことばで説明する必要はないし、そもそもそんなことをすれば、「文を書く」こととは異なったことになってしまう。そこでおこなっていることを見ればことはすむ。それが「本質」だ。

さらにつぎの節では、「哲学」と関係させて、つぎのようにいう。

すばやくとらえることの困難な現象、瞬く間に過ぎ去っていく現在の経験、あるいはそれに類するものこそ、われわれによって記述されるべきだ、ということに課題の難しさがある、と人が信じてしまう場所、つまり、かの哲学することの袋小路に、ここで入りこむのは簡単だ。そこでは、いつもの言語がわれわれには、あまりにも荒削りに見え、あたかも相手にすべきものが、日常語っている現象ではなくて、「容易に消えうせてしまうような現象、その現出と消滅によって日常の現象を似たものとして生みだしていく現象」であるかのように思ってしまう。(436)

われわれが具体的に知覚でき、生活のなかで相互にたしかめながら生きているもろもろの出来事ではなく、その背後にある、われわれにはうかがい知れない生成消滅している現象こそ記述しなければならないと思ってしまう。そういう場所こそ、「哲学」が袋小路に入ってしまうところだとウィトゲンシュタインはいっているのだ。

「文を書く」という行為は、われわれが日常的におこなっていることであり、ただそれだけのものなのに、その背後に本質があるのではないかと信じこみ、それを探ろうとするのが、ある種の「哲学」だというのである。その際、「文を書く」といった言い方では、とうていあらわせない「現出と消滅によって日常の現象を似たものとして生みだしていく現象」がおきていることを前提してしまう。

　このような考えの背後には、「文を書く」といったわれわれの普段のものいいが、本当におきていることを正確にあらわしていないという先入見があるといえるだろう。これこそ、「哲学の袋小路」だとウィトゲンシュタインはいう。ウィトゲンシュタインは、あくまでも現時点でわれわれが使っている言語から出発する。そしてその背後に「本質」や「別の現象」を決して前提しない。われわれが使っている言語と、われわれの経験や現実のレベルとが重なりあった領域（「文法的領域」とでも呼びたくなるもの）こそが、哲学の主戦場だと考えている。だから、「本質は決して隠されてはいない」。ここでは、『論理哲学論考』の「命題7」が、はるか彼方で鳴り響いているかのようだ。「語りえないものについては、沈黙しなければならない」という例の命題である。

七、導きだす（第86節、第161節〜第164節）

さて、ふたたび「読む」という現象についての考察に移ろう。第161節では、つぎのようにいう。

> ところでまた、誰かが自分の読まなくてはならないものを暗記していう場合と、前後関係からの推測や暗記の助けをまったく借りずに各語を一文字ずつ読む場合とのあいだに、連続した一連の推移が存在することに注意せよ。
>
> つぎのことを試みよ。1から12までの数字の列をいうこと。つぎに自分の時計の文字盤を見、その数列を*読め*。——この場合どういうことを「読む」と呼んだのか。すなわち、それを*読む*ために、あなたは何をしたのか。（161）

暗記して文章をいう場合と、一文字ずつ語を読む場合との比較がなされている。暗記していうというのは、自らの記憶によって、ことばを口にだしているということになるだろう。いわば、自分の「内側」から文章そのものが外側にでてくるということになる。それに対して、そのつど語を読むというのは、視覚でとらえたものをそのまま発声器官に移しかえるとでもいえる作業だ。感覚以外の「内的」な働きは、そこには見あたらない。この二つの場合を、われわれは外側から区別できるだろうか。たしかに何らかの微妙なちがい（流暢さやたどたどしさなど）を感じることはあるだろうが、しかし、そこに決定的なちがいを判別する基準があるだろうか。それは難しいといわざるをえない。記憶による「読み」と、視覚による一語一語の「読み」との区別をつけることはできないだろう。

ウィトゲンシュタインは、さらに具体的な二つの例を提示する。1から12までの数列を口にだすことと、時計の文字盤を見ながら同じ数列を読むことである。このとき、どのようなちがいがあるのか。1から12までの数列をそのまま口にだすのは、何の躊躇も、つっかえる感じもなく普段通りできるだろう（ただし、数を覚えてスムーズにいえるようになったころからだが）。それに対して、文字盤の場合は、数字の1を見て、それに反応し「いち」という。あくまでも数字に依拠している。しかし、その際、ほかの発音をする可能性を思いつくとか、何か理由のわからないためらいを覚えるといったことはない。いわば、問答無用に否応なく「いち」と発音する。その様子をはたで見ている者たちにとっては、その音を聞くだけではちがいはわからないだろうが、もし、数列をいっている当人の様子を見れば、何か異なったことをしているのだ、という推測は可能だろう。しかし、それはあくまでも推測にすぎない。決定的なちがいはない。

やはり、この例でも、その結果(「読む」という具体的行為)から、その内実(暗記しているだけなのか、文字を読んでいるのか)を正確に判断するのは、原理的に不可能だといわざるをえない。さらに、ウィトゲンシュタインは、つぎのような議論をする。

誰でも、手本からその複製を導きだしているとき、読んでいるのだ、という説明を吟味してみよう。ここで〈手本〉とは、かれが読んだり、書きとったりするテキストのことをいう。かれの書きとる口述、かれの演奏する総譜、などなどだ。——いま、われわれがたとえば誰かにキリル文字(ロシア文字)のアルファベットを教え、どのように各文字が発音されるのかを教えたとすると、——そのときかれにある章句を示し、かれが各文字を教えられたように発音しながら、その章句を読むとすると、——そのとき、われわれは、かれがわれわれの与えた規則の助けを借りて、ある語の音をその語の字面から導きだしている、と多分いうであろう。そして、こうしたことも読むということのはっきりした事例なのである。(われわれが、かれに〈アルファベットの規則〉を教えたのだ、といえるかも知れない)(162)

手本から複製を導きだすこと。このことを「読む」という場合、ここでは、どういう事態が進行しているのか。ようするにこれは、「テキストを読む」という行為のことだ。ここでは、キリル(ロシア）文字のアルファベットの発音を教え、それをもとに、ある章句を読んでもらう。そのとき、教えられた人は、（おそらく）教えられた通りに、その章句を読むだろう。そして、そのことが「導きだす」ということであり、そのとき、教えられた人は、規則にしたがって導きだしているといえるだろう、というわけだ。

ようするに「テキストを読む」という行為は、「テキストという手本から、ある規則にしたがって自分なりの複製を導きだす行為」ということになるのである。このあたり前と思われる行為のなかに、しかし、われわれがたしかめることのできない部分がある。「ある規則にしたがって導きだす」という部分だ。この部分は、教えられた人の、いわば〈内的な領域〉での出来事なのだ。この出来事は、教えた側、あるいは、周りの人間には確認することはできない。

ここで、いま議論しているのは、「規則にしたがう」の問題圏であることはたしかだろう。「読む」ということが、「手本」から「複製」を「導きだす」ということなのであれば、その「導きだす」というのは、「規則にしたがう」ということになるからだ。「キリル（ロシア）文字のアルファベット」を教え、その発音の規則を教えるのだから、「規則にしたがっている」ということになる。教えた通りに発音すれば（「手本」をそのまま「複製する」）、規則にしたがっているということになるだろう。

さらにウィトゲンシュタインは、つぎのようにいう。

しかし、なぜわれわれは、かれは印刷されていることばから発音されることばを導きだした、というのか。われわれがかれに各文字をどう発音したらいいのかを教え、ついでかれがことばを声にだして読んだ、ということ以上のことを、われわれは知っているのか。われわれは、ひょっとしたら、こう答えるかも知れない。生徒は印刷されているものから発音されるものへ、われわれが与えた規則の助けを借りて移行したことを示しているのだ、と。――どのようにして人がこのことを示しうるかは、われわれが右の例を変えて、生徒がテキストを朗読する代わりに、それを書きとることにし、活字体を筆記体に転写しなくてはならないことにすれば、もっとはっきりするだろう。なぜなら、この場合にはわれわれは、一つの段に活字体があり、もう一つの段に筆記体があるような、一枚の表のかたちでかれに規則を与えることができるからである。そして、かれが活字体から筆記体を導きだしているということは、かれがその表で調べていることによって示される。(162)

しかし、ここでも「規則にしたがう」という行為の中心に、ウィトゲンシュタインはくさびを打ちこむ。「われわれがかれに各文字をどう読んだらいいのかを教え、ついでかれがことばを声にだして読んだ、ということ以上のことを、われわれは知っているのか」という。われわれが規則を教え、そして、教わった方が、声にだして読んだ。これだけのことしかたしかではないからだ。一つの仮説として、「手本」をそのまま「複製した」といえるかも知れない。だが、それは、あくまで仮説だ。

わたしたちが知っているのは、ある人に読み方を教え、その相手が声にだして読んだ、ということだけだとウィトゲンシュタインはいう。たしかにわれわれは、その裏面で「教えられた人は、規則の助けを借りて、声にだすことができた」と思うかも知れない。しかし、それはあくまでも想像にすぎない。そんなことがおこっているかどうかは、誰にも（もしかしたら本人にも）わからないのだから。文字を見て、それを発音する。そのことを見ていた他人が、同じように、文字を見てそれを発音する。なぜこのようなことがおこるのか。この「同じように」が成立するのは、なぜなのか、というわけだ。

印刷されていることばを発音するという行為、つまり、読むという行為は、印刷されていることばから発音されることばを導きだす、というのであれば、この「導きだす」という行為は、どういうプロセスなのか、というのである。このプロセスをはっきり示すために、もう一つの例をウィトゲンシュタインはだす。

朗読するのではなく、書きとるという例であれば、手本とその複製との関係が、もっとはっきりしてくるというわけだろう。しかも、手本と、書きとるべき複製との関係を表にして渡せば、さらに、この「導きだし」のプロセスがあきらかになる。導きだすプロセスを表にしたわけだから、その表を見れば、教えられる人は、その導きだす際の規則を、そのつどたしかめることができる。

このようにすれば、「導きだす」という行為が、どのようにおこなわれるのか、すべて明白となるのではないか。つまり、導きだす人の行為の逐一が、その人自身の内面ではなく、多くの人に開示されていることになるのではないか。これで、「導きだす」というプロセスの問題は解決したかに見える。そして、それは、われわれが「読む」という行為をどのようにしているのか、ということの解明ともなるはずだ。

しかし、問題は、それほど簡単ではない。つぎの第163節で、そのことが示される。第163節に移っていこう。ウィトゲンシュタインは、こういう。

> しかし、かれがこれをおこない、その際つねにAをbに、Bをcに、Cをdに、というふうに進んで、Zをaに書きかえるとしたらどうか。――これもわれわれは表による導きだしと呼ぶだろう。――かれはいまや表を、第86節における第一の図式にしたがう代わりに、第二の図式にしたがって用いているのだ、といえるだろう。
>
> これもまた、たしかに、表によるもう一つの導きだし方なのであり、矢印の図式によって、単純な規則性などまったくなくとも再生されるであろう。
>
> しかし、かれが一つの書きかえ方を継続せず、ある簡単な規則にしたがってそれを変更する、と仮定してみよ。たとえば、いったん、Aをnに書きかえたなら、つぎのAはoに、そのつぎ

のAはpに書きかえる、といったぐあいに。――だが、このやり方と不規則なやり方との境界はどこにあるのか。(163)

ここでまた、表のさまざまな解釈の可能性がでてくる。どんなに、一対一対応の表を書いて渡しても、こちらが想定している規則のしたがい方にしたがうとは限らないからだ。たとえば、活字体と筆記体の対応を一つずつずらしていくというしたがい方もあるだろう。第86節の図のような規則のしたがい方をするというわけだ。

第86節を、少しだけ見てみよう。

第2節のような言語ゲーム(建築家Aが建築資材の名前を呼び、助手Bが、それをもってくるというゲーム――中村註)が、一枚の表を使っておこなわれるとしよう。AがBに与える記号は、そのときには文字になる。Bは一枚の表をもっていて、その一段目には、ゲームで使われる文字が書かれていて、二段目には、石材のかたちが描かれている。AがBにそうした文字の一つを指示すると、Bはそれを表のなかで探しだし、それに対応している絵を見る、などなど。すると、この表は一つの規則であり、Bは命令の遂行に際してこれにしたがうのだ。――表のなかから絵を探しだすことを、人は訓練によって学ぶが、その訓練の一部は、たとえば、生徒が表のなかで指を上から下へ動かすことを学ぶということ、したがって、いわば一連の垂直線を引くことを学ぶということによって成りたっている。

そして、いま、表を読むためにさまざまな方法が導入されたと考えよ。すなわち、あるときは、いま述べたように、

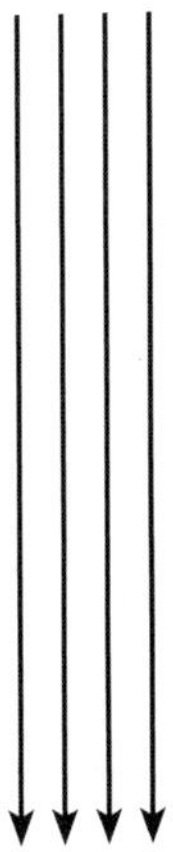

のような図式にしたがい、また、別のときに、

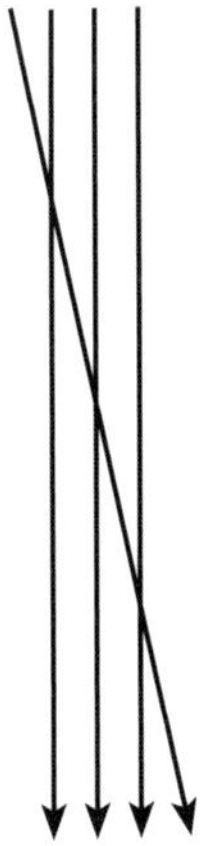

のような図式、あるいは、もっと別の図式にしたがう、といった方法である。——すると、こうした図式は、表を用いるための規則として、表に添付されるわけだ。

このとき、われわれは、この規則を説明するために、さらに多くの規則を考えることができないだろうか。他方、あの最初の表は、矢印の図式がなければ不完全だったのだろうか。そし

て、その他のさまざまな表もそれぞれの図式がないと不完全なのだろうか。(86)

表の一段目に文字記号があり、二段目に石材のかたちが描かれている。それはそれだけの表である。たしかに、それぞれが(垂直に上下が)対応していると多くの人は思うかも知れない。しかし、その二つの列(文字記号と石材のかたち)が、どう対応するのか、わからない可能性もあるだろう。何の説明もないのだから。そうなると、どのように対応しているのかを、別の図式によって指示しなければならない。つまり、一つの記号の真下に、それに対応する石材が描かれているということを、きちんと教える必要があるだろう。真下のものに対応するなどということは、最初から決まっているわけではない。だから、垂直の矢印を書くわけだ。

しかし、さらにその垂直の矢印の表を、どう解釈するのかも、人それぞれだろう。それだけでは、その意味は誰にもわからない。ただの表と図式にすぎない。ただの矢印にすぎないのである。その図式を見ながら、表に書かれていることにしたがうといっても、そのしたがい方がわからない。つまり今度は、その図式の方にどうしたがうのかも、さらにもう一つの図式を書いて指示しなければならなくなるだろう。これは、永遠につづく。「規則にしたがう」というのは、このような無限の説明に巻きこまれる行為なのだ。こうして、どこまでいっても、ちゃんとしたがうことはできなくなる。

もとの第163節に戻ろう。活字体と筆記体の対応は、表が描かれていたとしても、誰もが同じようにしたがうわけではない。さらにウィトゲンシュタインは、一つの規則にしたがうだけではなく、そのつど変化する規則にしたがう場合にも言及する。しかもその変化は、きちんとアルファベットの順序にしたがっている。A→n, A→o, A→p……といった具合に。このように考えれば、規則のしたがい方は、だんだんと不規則で、でたらめなものに近づいていくだろう。

さらに「規則はでたらめにしたがうもの」という考えを堅固にもっている人がいるとしたらどうだろうか。あるいは意識せずにそうなってしまう人だっているかも知れない。そうなると、「規則」や「したがう」という語の意味が消滅してしまうのだろうか。どこまで許容するべきなのか。そもそも境界はどこにも引くことはできないとしたら、どうだろう。実際、どんな境界線も引くことはできないのではないか。ウィトゲンシュタインは、結論のようなことを、疑いのかたちで、そっとつぶやく。

> すると、いまや、「導きだす」という語は、その意味を追っていくと溶けてなくなってしまうように思われるから、もともとどんな意味ももっていない、ということになるのか。(163)

「手本」から「複製」をそのまま導きだすのではなく、自分なりに解釈して導きだす可能性をここでウィトゲンシュタインは提示した。その可能性は、いくつでも考えることができ、最終的には、不規則なやり方と区別がつかなくなってしまう。そうなると、「導きだす」という語は、その意味を失ってしまうことになる。つまり、規則を教わる側が、その規則を自由に解釈し始めると、あらゆる結果が導きだせることになってしまう。つまり、まったく導いてはいないことになるからだ。こうした結果を確認しつつ、ウィトゲンシュタインは、つぎのようにつづけていく。

第162節の場合には「導きだす」という語の意味がわれわれにとってあきらかであった。ところが、われわれは、それが導出ということのまったく特殊な場合にすぎず、まったく特殊な服装をした表現であって、われわれが導出の本質を認識したいのなら、その服を脱がさなくてはならない、と自らにいい聞かせた。そこで、われわれはその特別な覆いを剥ぎとったのだが、しかし、そのとき導出それ自体も消えてしまったのだった。――本当のアーティチョーク(チョウセンアザミ)を見つけようとして、われわれはその花びらをみんな取り払ってしまったのだ。なぜなら、第162節の例はもちろん導出の特殊な場合だったのだけれども、導出に本質的なものはその場合の外側に隠されていたのではなく、この〈外側〉こそが導出のさまざまな場合の家族の一例だったのである。

これと同様に、「読む」という語も一家族をなすさまざまな場合に使っている。そして、われ

われはさまざまな状況のもとでさまざまな基準を、人が読んでいるか否かについて用いるのである。(164)

「導きだす」という語のなかで、最もよく知っている事例は、実はさまざまな「導きだす」の一例にすぎないことがわかったとウィトゲンシュタインはいう。ほとんど「導きだしている」とはいえない状況までふくめて、ありとあらゆる「導きだす」があるということだ。そして、この「導きだす」は、「読む」という語の文法を探っていたときにたどり着いた動詞なのだから、当然のことながら、「読む」という語もまた一家族をなしているということになる。さまざまな場合に、いろいろな基準で、われわれは「読む」という語を使う。さらに、「導きだす」と「読む」という動詞も、より広い範囲の(しかも、境界線は引かれていないに等しい)「家族的類似」をなしているといえるだろう。

八、恣意的必然（第165節、第167節、第171節）

つぎにウィトゲンシュタインは、ふたたび「読む」という語に戻って、つぎのようにいう。

でも、読むというのは——とわれわれはいいたくなる——まったくはっきりした出来事だ！印刷されたページを読めば、はっきりわかるだろう。そこでは何か特別なこと、何かきわめて特徴的なことがおこっている。——では、わたしが印刷物を読んでいるとき、何がおこっているのか。わたしは印刷された語を見、それを発音する。だが、もちろん、それがすべてではない。なぜなら、わたしは印刷された語を見て、語を発音することができるだろうが、それでもそれが読むということではないかも知れないのだから。たとえわたしの発している語が、実在していないるアルファベットにしたがえば、その印刷物をそう読みとるべき語と同じ場合でも、読むということでないかも知れない。——そして読むことは特定の体験だ、とあなたがいうとしても、あなたがアルファベットの周知の規則にしたがって読んでいるかどうかは、まったく問題にならない。——すると、読むという体験に特徴的なものとはどのようなことなのか。（165）

しかし相手は、「読む」という語が、家族的類似をなすといっただけでは、どうもしっくりこない。やはり、「まったくはっきりした出来事だ」といいたくなる。われわれは、読んでいるとき、たんに印刷された語を発音しているだけではない。たしかに読んでいる語は、印刷された語と規則的に対応しているだろう。しかし、それだけが「読む」ということではないのではないか。たんに発音するのは、「読む」という体験の本質ではない、というわけだ。このようにいう相手に対してウィトゲンシュタインは、「すると、読むという体験に特徴的なものとはどのようなことなのか」と逆に質問していく。

それに対して、相手は、つぎのようにいう。

> ここでわたしはいいたい、「わたしが発音することばは特別な仕方でやってくる」と。すなわち、それらは、わたしがそれらをたとえばひねりだしたときのようには、やってこない。——それらはひとりでにやってくる。——だが、これでも充分ではない。なぜなら、わたしが印刷されたことばを見ている間に、そのことばの響きが念頭に浮かぶのに、わたしはそのときそのことばを読んでいたわけではない、ということもあるからだ。——さらに、こういうこともできよう。発音された語は、たとえば何かがそれをわたしに思いださせるかのように、わたしの

念頭に浮かんでくるのではない、と。わたしは、たとえば「無い」(nichts)という印刷された語がいつもわたしに「ない」(ニヒツ)という音声を思いだささせる、といいたいわけではない。——そうではなくて、発音された語が読む際にいわば滑りこんでくるのだ。そう、印刷されたドイツ語の単語を見ると、その語の音がわたしの頭のなかで聞こえるという特有の出来事がかならずおこるのである。(165)

「発音することばは特別な仕方でやってくる」という。「ひとりでにやってくる」ともいっている。しかも、その語を読んでいないのに、そのことばの響きが念頭に浮かぶこともあるという。印刷された語を見ている。すると、その語の響きを内側で聞き、その語を見て発音する。この事態をウィトゲンシュタインは、「発音された語が読む際にいわば滑りこんでくる」と表現しているのだ。つまり、母語であれば、ある語(たとえば「机」)を見るとき、〝つくえ〟という響きを、内側でこちらが聞き、自分で発音する。「机」という語の姿を見ると、〝つくえ〟という音がこちらにひとりでに聞こえるという。たしかに「机」という語を見ると、とても慣れ親しんだそのかたちが、おのずと〝つくえ〟という音を、こちらの内側でたてているように思われる。これは、どういうことだろうか。

われわれは、生まれてすぐ母語をシャワーのように浴びる。そのプロセスで、母語を習得していく。そして、日本語の音の体系を身につけ、意味のある日本語の音を聞くと、その音に自然に反応するようになる。

たとえば〝つくえ〟という音を聞くと、「つくえ」(自分がよく知っている机)が即座に思い浮かぶ。さらに小学校から文字を学び、いろいろな文章に親しむことにより、音だけではなく、視覚的にとらえるかたちとしての文字も身につける。そうなると、たとえば「机」という文字を見ると、〝つくえ〟という音とともに、ある特定のイメージがこちらに否応なく入ってくる(やってくる)ということだろう。たとえば親の顔を見ると、すぐに自分の親だとわかり、その表情のこまかい変化も熟知しているようなものだ。文字もまた、われわれにとって、とても親しい人の顔の表情のように、こちらに映るのである。これが、ウィトゲンシュタインのいう「特別な仕方でやってくる」ということだろう。もし、わたしたちが言語の規則を身につけたならば、その規則にしたがう際には、その規則をいちいちたしかめるのではなく(これは「机」という文字だったかなと、その都度、漢和辞典で調べ確認するのではなく)、特別な仕方で「机」という文字は、こちらにやってくるのだ。母親や父親の顔のように親しげに、机は、こちらにその顔(かたち)を向ける。

第167節に移ろう。さらにウィトゲンシュタインはつぎのようにいう。

さて、読むというのは〈一つのまったくはっきりした出来事〉だ、という文はどんな意味なのか。これはたぶん、読む際つねにある特定の出来事が生じ、それをわれわれがわかる、ということだろう。――しかし、いまわたしが印刷されている文を一度読み、別のときにそれをモールス符号で書くとすると、――このとき同じ心の出来事が実際に生じているのだろうか。――しかし、これに対して、印刷されたページを読むという体験のうちには、もちろんある同質性がある。なぜなら、この出来事はまさに同質のものなのだから。そして、この出来事が、任意の走り書きを見て語を思い浮かべるような出来事とちがうのは、すぐに理解できる。――なぜなら、印刷された一行を単に眺めることが、すでにきわめて特徴的なことだからだ。すなわち、それはまったく特殊な映像なのである。文字はすべてほぼ同じ大きさで、かたちも似ており、何度もくりかえし登場する。語も大部分絶えずくりかえされ、よく慣れ親しんだ顔とまったく同様、われわれにはこの上なく慣れ親しんだものだからである。――ある語の正書法が変更されるときに感じる不快さについて考えてみよ（また、語の書き方がしっくりこないときのもっと深い感情についても）。もちろん、すべての記号のかたちがわれわれの心に深く刻みこまれているわけではない。たとえば、論理代数のある記号は、われわれの心に深い感情をひきおこすことなく、別の記号によって置き換えることができるだろう。――

語の視覚像がわれわれにとっては、語の聴覚像と同じ程度に慣れ親しんだものであることをしっかり考えてほしい。（167）

改めてウィトゲンシュタインは、「読む」ことを「一つのまったくはっきりした出来事」という。ここでウィトゲンシュタインもいっているように、「読む」という出来事は、読んだ文章を「モールス符号で書く」ことや「走り書きを見て語を思い浮かべる」こととは異なるだろう。それらと異なるとても特徴的な出来事なのだ。何十年も文字を読みつづけた者は、「同じ大きさの文字が同じようにくりかえされる」映像をずっと見てきたのだから、その結果おのずと、そのかたちやあり方と深く結びつけられているにちがいない。

とても親しい文字との結びつきが、おのずと成立しているといえるだろう。ウィトゲンシュタインは、このような深い結びつきの地点から、「読む」ということ、「規則にしたがう」ということ、そして「語の文法」をも考えていこうとする。日常的な言語ゲームにおいては、このような母語との深く長いつきあいから生まれたものは、とても重要な要素になっているというわけだ。〝つくえ〟という音を聞くと、問答無用で身体や耳が反応するように、「机」という文字を見ると、おのずとこちらに何かがおこってしまう。これこそ、言語を習得したうえで、恒常的に言語ゲームに参加しているもの達のあたり前の反応なのである。われわれは、否応なしに語と深く結びついているというわけだ。

ウィトゲンシュタインは、つぎのような言い方もしている。

わたしは、ある語を読むときの自分の経験を、さまざまな仕方で適切にことばで表現できたかも知れない。書かれたものがわたしに音声を吹きこむ、などといえるかも知れない。——あるいはまた、文字と音声とは読むときに一つになっている——いわば合金みたいに——とも。(これに似た融合が、たとえば有名人の顔とその名の響きとのあいだにもある。われわれには、その名がその顔のただ一つの正しい表現だ、と思える)。わたしが、こんなふうに一つになっていると感じているなら、わたしは書かれた語のうちに音声を見、あるいは聞いているのだ、といえるかも知れない。——(171)

これでウィトゲンシュタインがいっている「合金」や「一つになっている」といったことこそ、われわれが慣れ親しんだ語や文字から感じとるものだろう。

たしかに文字の発音やかたちは、原理的に恣意的なものだ。言語によって、さまざまである。〝つくえ〟でなくてもいいし、「机」という文字でなくてももちろんいい。しかし、いったん、そのような文字や音であらわしてしまうと、それはもう逃れようのない「合金」や「一つのもの」になってしまう。われわれが生まれてすぐ言語シャワーを浴び、多くのほかの人たちと日々、同じ言語を使ってコミュニケーションをするということは、そういう恣意的な音や文字を、必然的で親密なものにする作業だといえるだろう。「恣意的必然」という言い方ができる事態である。われわれは、こうして言語共同体のなかに埋もれ、日々の言語ゲームをおこなっていく。そしてウィトゲンシュタインは、あくまでも、この地点から出発しようとするのだ。

◎「本物の持続」について（『断片』より）

一九二九年から一九四九年にかけて、ウィトゲンシュタインは『断片』（Zettel）と記したファイルボックスにタイプ原稿から切りとったものを入れていた。その『断片』の第45節に、「本物の持続」（echte Dauer）という概念がでてくる。ここで「意図」を問題にしたウィトゲンシュタインは、「意図」には、「本物の持続」がないという。引用してみよう。

> 意図（意向）は、情緒でも気分でも、また感覚でも表象でもない。意図は意識の状態ではない。意図には本物の持続がない。（『断片』45）

「意図」には、「本物の持続」がない。たしかに、「意図する」ことを、時間のなかで持続的にもつことはないだろう。「意図」は、持続しない。それに対して、情緒や気分、感覚は、「本物の持続」をもつ。嬉しいとき、悲しいとき、われわれは、時間の幅をもつ経験をしている。ある一定の時間、その情緒や気分にひたるのだ。痛いときや痒いときもそうだろう。その痛みや痒さは、特定の時間の幅をもってつづく。

それに対して、「意図」は、そうではないとウィトゲンシュタインはいう。「何かを意図する」とき、その状態が持続しているわけではない。「意図」は、あくまで潜在的に「ある」。たしかに、「意図」を意識することはあるだろう。「明日歯医者に行こう」と「意図」することはある。しかし、この「意図」が、時間の幅をもってつづくことはない。「歯の痛み」は、持続する。しかし、「歯医者に行こう」という「意図」は、持続しない。文章として登場することはあるが、それが、そのまま持続することはなく、潜在的な領域に隠れつづけている。

ウィトゲンシュタインは、つぎのようにまとめていう。


感覚にはすべて本物の持続がある。つまりその始めと終わりを示す可能性がある。それらの同時性の、すなわち同時におこることの可能性がある。(『断片』472)

もろもろの情緒。それらに共通のものは、本物の持続、一つの経過である。(激怒は燃えあがり、やわらぎ消え去る。喜びも、憂鬱も、恐怖も同様だ)(『断片』488)

それでは、「本物の持続」をもたない動詞は、ほかにどのようなものがあるのだろうか。ウィトゲンシュタインは、つぎのような言い方をしている。

印象がどのくらいの時間、持続するか、ストップウォッチで計れ、という言語ゲームを考えてみよ。知識や能力や理解の持続をこのように計ることはできないだろう。(『断片』82)

「本物の持続」をもつ動詞は、それがあらわす状態を、ストップウォッチで計ることができる。始まりがあり、終わりがあるからだ。しかし、「知識」「能力」「理解」は、そのような「持続」はもってはいない。「知る」「できる」「わかる」という動詞は、「本物の持続」とは、かかわらない。原理的に潜在的な動詞だといえるだろう。「理解する」「知る」といった動詞が、顕在化するのは、具体的行為においてなのである。いくら、「知っている」「できる」「わかっている」と強調したところで、実際に知識や能力を、他人に対してあらわさない限り、その動詞は、何も意味しない。

どれだけ、「自転車を運転できる」と人前で強調しても、その人が、ほかの人の眼の前で自転車を実際に運転しなければ、その能力は証明できないだろう。「本物の持続」をもつ「運転する」という行為がなされない限り、「運転できる」は、潜在的なままなのだ。

こうした「本物の持続」という観点から見るならば、「知る」「理解する」「できる」「意図する」といった動詞は、「動く」「食べる」「走る」「書く」といった動詞とは、まったく異なるものだといえるだろう。

第二章 規則にしたがう

一、数列の規則(第185節〜第187節)

ウィトゲンシュタインには、「規則にしたがう」という問題圏がある。これまでも(第143節や第146節)、その問題がところどころであらわれていた。これからは、本格的に展開されていく。この問題について、それにかかわる節を見ながら考えてみよう。まずは、第185節。

ここで、第143節の例に戻ろう。生徒はもう——普通の基準で判断すれば——自然数の数列をマスターしている。われわれは、いまかれに別の基数列を書くことを教え、たとえば「+n」というかたちの命令に対しては、

0, n, 2n, 3n

等々のかたちの数列を書くようにさせる。すると、「+1」という命令を与えれば、基数列を書くようになる。——こうした練習をし、1000までの数で、かれの理解力のぬきうちテストもすませたとしよう。

こんどは生徒に1000以上のある数列(たとえば「+2」)を書きつづけさせる、——すると、

かれは1000, 1004, 1008, 1012と書く。

われわれはかれにいう、「よく見てごらん、何をやっているんだ！」――かれにはわれわれが理解できない。われわれはいう。「きみは2をたしていかなきゃいけなかったんだ。よく見てごらん、どうやってこの数列を始めたの！」――かれは答える、「ええ！　でもこれでいいんじゃないのですか。ぼくはこうしろといわれたように思ったんです。」――あるいは、かれが数列を指しながら、「でもぼくは、これまでも同じようにやってきてるんです！」といった、と仮定せよ。――このとき、「でもきみは……がわからないのか」といい――かれに以前の説明や例をくりかえしても、何の役にもたたないだろう。――われわれは、こうした場合に、ひょっとするとこういうかも知れない。この人間は生まれつき、あの命令を、われわれの説明にもとづいて、ちょうど「1000まではつねに2を、2000までは4を、3000までは6を、というふうに加えていけ」という命令をわれわれが理解するように理解しているのだ、と。

このケースは、ある人間が手で指差す身振りに対して、生まれつき、指先の方向ではなく、指先から手首の方向を眺めてしまうような場合に類似しているだろう。(185)

この生徒は、ごく自然に1000，1004，1008，1012と数列を書きつづける。こちらは、1000，1002，1004，1006という数列を、かれが書くことを期待して、0，n，2n，3nという数列のnに「+2」を代入するよう指示した。しかし、生徒はその指示をかれ自身の考えで実行する。一般的にわれわれは、0, n, 2n, 3n という数列に「+2」を代入するように指示されれば、どんなに数が多くなっても、前の数に2を足したものを書くだろう。

しかし、この生徒は、そのような「一般的な解釈(理解)」とは異なり、「1000まではつねに2を、それ以上から2000までは4を、さらにそれ以上から3000までは6を、加えていけ」という命令だと解釈(理解)する。これは、まちがいだとは決していえないだろう。なぜなら、この生徒には1000までしか、この数列について実際の練習(そして、ぬきうちテスト)をしていなかったからである。

しかも、1000以上の数列については、何も指示はしていないのであり、この生徒本人が自分でこの数列の適用の仕方を、そのつど決断しなければならない。1000までと1000以上は、あきらかに「数空間(Zahlenraum)」(この節では、1000までの数というとき、この「数空間」という言い方をしている)が異なると、かれが理解しているのであれば、自分で「+2」を「+4」に変更しなければならないと考えても不思議はないだろう。1000以上については、誰も具体的に教えてくれなかったのだから仕方がないではないか。この生徒は生まれつき、1000までの数と1000以上の数とのあいだには断絶があり、その断絶によって規則の解釈が変わるものだと信じていたのだ。だから、かれは、「でもぼくは、これまでも同じようにやってきてるんです!」と元気に答えたのである。このような事態の可能性を考えるのが、「規則にしたがう」という問題だ。さて、何が問題になっているのだろうか。

0, n, 2n, 3n という数列の n に「+2」を代入するようにいわれれば、通常であれば、1000 以上になったとしても、反射的に 1000, 1002, 1004, 1006, ……とつづけていくだろう。しかし逆に、これはなぜだろうか。不思議といえば不思議である。このような指示だけでは、この生徒が理解したやり方だけではなく、そのほかにも多くの可能性が考えられるからだ。1100 までは n=2 だが、1100 以上は、n=3 になり、100 増えるごとに n の数が「+1」ずつ増えていくとか、1000 以上になると、交互に n=2 と n=3 が、くりかえされるとか、あらゆる可能性が考えられる。この節で登場した生徒の解釈がもし可能であるとすれば、規則について自分なりに複雑な解釈を考えだす生徒がいてもおかしくはない。

これは、ウィトゲンシュタインがこの節の最後にだした例でも同じことがいえるだろう。手で指差す身振りを見たとき、われわれは、なぜか指が差し示す方向に目を向ける。その方向に万年筆があれば、その万年筆をとってほしいのだろうか、あるいは、その万年筆について、何か自慢をするのだろうかなどと考えてしまう。しかし、これもおかしな話で、手を指差すという身振りは、あらゆる解釈に開かれているはずだ。ウィトゲンシュタインがいうように、手首を眺めて指先とは逆の方向にあるものに注目を集めてほしいと思っているのではないかという可能性（たとえば上腕二頭筋に）、あるいは、その手を指差す動作をする際の両足の開き具合に着目してほしいと思っている場合など無限にあるだろう。しかし、われわれは、ほとんどの場合、なぜか指先の方向に目を向ける。それは、なぜなのか、というのが、「規則にしたがう」という問題なのだ。

第186節に移っていこう。

「あなたがいっているのは、そうなると、〈+n〉という命令に正しくしたがうためには各段階で新しい洞察――直観――が必要だということですね。」――正しくしたがうため、というのか！　それなら、一定の地点でどれが正しいやり方かを、どうやって決めるのか。――「正しいやり方とは、命令に――意図された通りに――一致するやり方のことである。」――だとすると、あなたは「+2」なる命令を与えた時点で、かれが1000のつぎには1002と書くべきである、と思っていたわけだ――そのとき、あなたはまた、かれが1866のつぎには1868と書くべきであり、100034のつぎには100036と書くべきである、という具合に、無限に多くのそのような命題を考えていたのか。――「そうではない。わたしが考えていたのは、かれが書くそれぞれの数のあとに、二つあとの数を書くべきだ、ということであり、そのことから、それぞれの場面でそのような命題すべてがでてくるのだ。」――だが、それこそ、まさに問題であって、どこかある場面でその命題から何がでてくるのか、というのが問題なのだ。あるいはまた――どこかあ

> る場面で、われわれは何をその命題との「一致」と呼ぶべきなのか（そしてまた、あなたがそのときその命題に与えていた思い——それがどのようなものであれ——との一致、とも呼ぶべきなのか）が問題なのだ。それぞれの地点で直観が必要になる、というよりは、それぞれの地点で新しい決断が必要になる、という方が正しいであろう。（186）

ウィトゲンシュタインが想定する相手は、教えた人間の思い通りに数列を書かない生徒が正しくしたがうためには、そのつどの段階で新しい洞察（直観）が必要になる、ということなのかという。というのも、第185節で、この生徒は、「+2」の数列を書くように指示されたにもかかわらず、1000以上になると、1004, 1008, 10012と書き始めたからだ。1000以上になると、直観が正しい方向に向かわなくなったのかと訊いているわけだ。

それに対してウィトゲンシュタインは、各段階で「正しいやり方」をどうやって決めるのか、と逆に質問する。つまり、「直観」や「正しい洞察」などというよりも前に、そもそも「正しいやり方」というのがあるのかと、相手に問うているわけだ。もし、あるとすれば、それをどうやって決めるのかとも質問する。

それに対して相手は、「正しいやり方とは、命令に（教えた側が意図していた通りに）一致しているやり方」だと答える。命令を与えた最初の段階で、命令を与えた者が思っていた通りに数列をつづけるのが「正しいやり方」だというわけだ。

たしかに数列を数える側は、そのつもり（自分が思っている通りに数列を書いてくれる）で教えているにちがいないのだから。そう答える相手に対してウィトゲンシュタインは、じゃ、命令した時点で、1000のつぎに1002と書くべきだ、とあなたは本当に思っていたのか。あるいは、1866のつぎに1868, 100034のつぎに100036と書くべきだと思っていたのか、と問い返す。ようするにウィトゲンシュタインは、具体的に、それぞれの数のつぎの数を無限に「思っていた」のかと詰問するのである。

もちろん相手は、「そんなことはない」と答える。一つひとつの数を具体的に考えていたわけではなく、「それぞれの数のあとに、二つ後の数を書くべきだ」と考えていたという。この「それぞれの」が強調されているのは、無限の数をふくんでいるにもかかわらず、具体的に一つひとつの数を指しているからだろう。果たして、この「それぞれ」という語は、「無限」なのか、それとも「具体的に一つひとつ」なのか、という問いかけだろう。もちろんわれわれは、その二つを同時にふくむ語として、「それぞれ」を解釈するだろうが、しかし、ウィトゲンシュタインはそこにある種の「矛盾」を見てとっている。「無限」であれば、「それぞれ」は決して完結しない。

ウィトゲンシュタインは、まさに、この「それぞれ」に対して疑問を呈しているといっていい。無限にある「それぞれ」で、そのつどのつぎの数を、最初の命令（思い）と一致していると、どうやって決めるのかというのだから。

奇妙といえば奇妙な考えだといえるだろう。ふつうは、最初に「+2」の数列を書けといわれれば、数列について何も知らない人間でも、ずっと2を足しつづけるだろう。その際、われわれは、ほとんど何も考えていない。それがあたり前だと思っている。しかし、ウィトゲンシュタインは、逆にこのように「あたり前だと思っている」ことをひじょうに奇妙なことだと思ったのだ。なぜ、われわれは、一度数列を書けと命令されると、同じ「+2」なら「+2」を無限につづけていくのか。ほとんどの人間が何の疑問もなく、なぜつづけていくのか、という問題だ。数列を書けという命令と、それを実行することとのあいだには、無数の解釈が可能なのに（1000を超えたら「+42」になる、100を超えたら「-22」になる、など）誰もそんなことはしない。しかも命令した人間の思考を、つづける方は直接受けとったわけでもない。口頭で伝えられただけで、しかも訓練は有限なのだ。

命令した方も、命令した方だ。無限のさまざまなケースをすべて想定したわけでもないのに、最初の命令の段階で、その文言のなかに、「それぞれの数」という無限が入っているにもかかわらず、そのことには無関心で相手に無限を委ねてしまう。何という無責任な命令だろう。しかし、われわれは、そのようなやり方で数列を学び、数列を教えてきた。それほど大きな問題も生まれずに。

さて、ここには、「理解する」や「知る」の文法と同じような構造が見てとれるといえるだろう。「理解する」や「知る」は、具体的な持続（時間の幅）をもたない語だ。それと同じように命令する際の「思い」を「理解し知っている」という状態もまた、持続をもたない。実際に数列を指示するという行為は、「時間的持続」をもち、その指示を聞いて、具体的に数列を書きつづけるという行為もまた「時間的持続」をもつ。しかし、その数列の「理解」や「知識」は、現実のどこにも登場しない。

この原理的な「潜在性」と、具体的な顕在化との関係が、ここでも問題になっているといえるだろう。原理的な潜在性は、具体的な顕在化から出発して確認するしかない。つまり、そのつどのそれぞれの数のあとに、何という数を実際に書くかによって、その数列を理解しているかどうかを判定するしかないのである。

だから、ウィトゲンシュタインは、つぎの第187節で、つぎのようにいっている。

「でも、わたしは、命令を与えたそのときにも、かれが1000のつぎには1002と書くべきであることを、すでに知っていたのだ！」――たしかに。そのうえ、あなたは、そのことをそのとき思っていた、ということさえできる。ただ、あなたは、「知っている」とか「思っている」とかの文法によって惑わされてはいけない。なぜなら、あなたはそのとき1000から1002への移行について思っていたわけではないし――かりにその移行については考えていたとしても、それ以外のもろもろの移行について考えていたわけではないのだから。あなたのいう「わたしはそのときすでに……であることを知っていた」というのは、「わたしがそのとき、かれは1000のつぎにどのような数を書くべきなのか、とたずねられたなら、〈1002〉と答えたであろう」といったことなのだ。そして、そのことについては、わたしは疑ってはいない。それは、たとえば「かれがそのとき水のなかへ落ちたなら、わたしは後を追って飛びこんだだろう」といったたぐいの仮定なのである。――すると、あなたの考えの間違った点はどこにあったのか。(187)

ここで「知っている」「思っている」という語の文法は、具体的に本物の持続として登場することのないものであり、徹頭徹尾〈潜在そのもの〉なのだ。だから、数列を書くようにといったときに、その人が、数列の具体的な数を「知っていた」としても、それは、個別の数列とはまったくかかわりがない。無限の具体的な個別の数の列を実際に頭のなかに思い描いていたわけでは、もちろんないのである。ウィトゲンシュタインがいうように、命令を与えたときに、たまたま1000と1002という数字が頭をよぎったとしても、それ以外の数がすべて頭のなかに浮かんでいたわけではない。

そしてそれは、「かれがそのとき水のなかへ落ちたなら、わたしは後を追って飛びこんだだろう」といった仮定と同じだという。この例をそのまま受けとると、ウィトゲンシュタインがいいたいことがかなりよくわかるだろう。もし、誰かが水のなかへ落ちたとき、われわれは、とっさの反応として後を追おうとするかも知れない。しかし、そのとき、いろいろなことが頭のなかをよぎり、飛びこむという反応をせずに、飛びこまない選択をするかも知れない。自分が泳げないことに気づいたり、ほかに適切な人が周りにいることに気づいたりすることによって。この例をそのまま受けとればの話だが（ウィトゲンシュタインがほかのふくみを入れていないとすれば、ということだが）、ここでは、「とっさの反応」と「いろいろな考え」とが対応しているといえるだろう。この二つによって、「飛びこむ」と「飛びこまない」という二つの選択肢が生まれる。

　これを数列にあてはめてみよう。1000のつぎの数を書こうとするとき、何も考えずに反応すると、1002と書く。1000までもそうしてきたし、1000以上もそうだろうと思うのではなく、ただ反応することによって書く。しかし他方で、1000という数字を見て、1000までの数字をひたすら書いてきた人が、ふとたちどまり考えこむ。「いろいろ考えて」（1000以上の数では、「+2」ではなく、「+4」となるのではないか）、1002と書かず（飛びこまず）、1004と書く。このようにウィトゲンシュタインがだした例と数列を書くケースとを対応させてみると、この哲学者の考えがすけて見えるのではないか。

　したがって、この節では、二つのことが問題になっていたことになるだろう。一つは、「知っている」「思っている」という語の文法の問題だ。これらの語は、現実のなかで持続せず、この語が意味をもつためには、具体的な行為が、どうしても必要であるということ。そして、その行為から逆算して、「知っていた」「思っていた」という過去形でしかいえない動詞であるということだ。やってみなければ、この語の文法は、いわば充填されない。だから、命令の時点では、何もわからない。

　さらにもう一つは、数列のそのつどの段階で、反応ではなく思考してしまうと、あらゆる可能性がでてくるということだ。「+2」という数列を書けといわれて(誰かが目の前で水のなかに落ちる)、何も考えずに書かれている数に2を足す(後を追って水のなかに飛びこむ)のではなく、4を足したり(「警察に連絡した方がいいのではないか」)、1を足したり(「自分は泳げない、飛びこむわけにはいかない」)する可能性が無限にあるということである。

だからこそ最初に命令を与えた人が、「知っている」「思っている」といったとしても、このような無数の可能性をすべて「知っている」あるいは、「思っている」わけはないということにもなる。しかしこれは、無限の数列を「知っている」「思っている」ことはできないというのとは、少し話が異なるのではないか。

そのちがいとは、このようなことだ。数列の無限の展開を「知っている」「思っている」というのは、具体的なそのつどの数列の展開がなされない限り、たしかめることはできない。その数列の展開が一つでもちがったものになれば、「知っていた」「思っていた」とはいえない。そして、数列の展開は無限なのだから、無限の数列を実際に展開しなければ、「知っていた」「思っていた」とはいえないことになるだろう。そうなると、「知っている」「思っている」という語の文法は、原理的に欠陥をふくんだものだといわざるをえない。そして、そういう原理的な欠陥こそが、純粋に潜在的なあり方なのだ。

さらに、そのつどの段階で、反応ではなく、思考が介在して、「+2」が「+4」になったり、「+1」になったりする場合は、いま説明した「原理的な欠陥」とは異なったことになるだろう。数列のその都度の段階で、どのような思考が介在してくるのかまったく予想はつかないのだから、数列の原理的な無限性とは異なる、もっと奥深い渾沌とした無限が登場するからだ。これを想定してしまうと、数列を命令した時点で、「知っている」「思っている」などということは、決していえないことになるだろう。

二、思う（第188節〜第190節）

さて、つぎの第188節を見てみよう。

そこで、わたしは、まずいいたい。あなたの考えは、命令をあういうふうに思うことは、それなりの仕方で、すでにそうした移行のすべてをおこなっていた、ということだったのだ。あなたの魂は、思っているときに、いわば前もって飛翔し、あなたが肉体であれやこれやの移行をする前に、あらゆる移行をやってしまう、というわけである。

だから、あなたは「それらの移行は、わたくしが文字で、口頭で、あるいは思考のなかでおこなう前に、もともとすでにおこなわれていたことなのだ」といいたくなったのである。しかも、それらは比類のない仕方であらかじめ決定され、予見されていたように見えたのである——思うことだけが現実を予見できるかのように見えたのだ。（188）

この節でいわれていることを、一つひとつたどってみよう。ウィトゲンシュタインは、命令した段階で、すべての数の移行をおこなっていたというのが、相手の考えだということを確認する。しかし、そうなるとそれは、実際に肉体を使って、数を一つずつ書いていく前に、魂があらゆる移行をなしとげていたということになる。ここで、「魂」はもちろん思いのみの領域にあるものであり、「肉体」は具体的行為をなすものということになるだろう。相手の考えにたてば、魂と肉体がわかれていて、魂は思いを抱くとすぐに無限の移行を肉体に先立っておこなってしまっているというわけだ。このような比喩で説明することができる考えを相手が抱いているから、「それらの移行は、わたくしが文字で、口頭で、あるいは思考のなかでおこなう前であっても、もともとすでにおこなわれていたことなのだ」という表現をしたくなるという。つまり、思考するよりも前に（あるいは、肉体があらゆる移行を実際にする前に）、もともとすでに移行は完了していたというのだ。たしかに、「+2」の数列は、われわれが思考しようが、実際に書きつづけようが、そんなこととは無関係に、もともと決まっているのかも知れない。（しかし、無限につづくのだから、本当のところは何ともいえないけれども）ただ、この数列のそのつどの段階で、ウィトゲンシュタインが考えるような無限の解釈可能性（数列を、自分なりに解釈すること）が入りこむと、この数列がもともと決まっていたなどというのは、不可能になるだろう。どう決まっているのかをたしかめるには、実際に命令を受けた者が、一つひとつ数字を書いていくのにつきあうしかない。そうなると、「もともとすでにおこなわれていた」などとは、原理的にいえないことになる。そして、最後の一文は難解だ。

もし、ウィトゲンシュタインが考えるような、そのつどの数列の段階での無限の解釈可能性を前提すれば、とてもではないが、実際の数列の進行を予見することなどできない。命令をだした者も、どのような解釈があらわれるか予想もつかないだろう。しかし、もしそのような（原理的に予測不可能な）未来の出来事を、「もともとすでにおこなわれていた」と考え、最初に命令を与えた段階でわかっていたのだとすれば、ウィトゲンシュタインのいう比喩を使えば、「魂が肉体の行為以前にあらゆる移行をなしとげる」のであれば、その数列の進行は、たしかに「比類のないもの」になるだろう。そしてこの進行は、われわれには現実のそのつどの段階になってみなければわからないのだから、実際おこなうことによってではなく（無限におこないつづけるのは不可能なので）、それ以前の「思い」だけが予見できるものとなる。現実にこれから何をおこなうかは、それ以前の現実のレベルではわからないのだから、思いのレベルでのみ、もともとわかっているという奇妙なことになるだろう。

いってみれば、魂は、何がおこるかすべてわかっているのだが、しかし、肉体は自らがおこなう行為であるにもかかわらず、そのつどのステップにたどり着かないと、まったく予見できないということだ。魂の思いと肉体とは、緊密に結びついてはいない。

さて、つぎの第189節では、異なった角度から、つぎのような議論がなされる。まず相手が、わたしたちが常識的に考えている数列についての考えを述べる。

「しかし、そうすると、それらの移行は代数式によって決定されているのではないのか。」
――この問にはまちがいがある。（189）

通常われわれは、数列を習う際には、具体的な数の連続と同時に、それをあらわす数式を学ぶだろう。実際の数の並びと数式とは等価であるという前提を共有する。しかし、ウィトゲンシュタインは、そのような数式が数の移行を決定しているという考えはおかしいと指摘する。なぜだろうか。

われわれは「移行は……という式によって決定されている」という表現を使う。それはどのように使われているのか。――たとえば、人間は教育（訓練）によって、$y=x^2$ という式を、誰でもｘに同じ数を代入すればつねにｙの値が同じ数になる計算をするように使用するようになる。あるいは、「これらの人たちは誰しも〈+3〉という命令に対して、同じ段階では同じ移行をするよう訓練されている。われわれはこのことを、〈+3〉なる命令が、これらの人たちにかんしては、ある数からつぎの数への移行を完全に決定している、と表現できるだろう。」ということができる。（この命令を受けても何をしていいのかわからないほかの人たち、あるいは、自

信満々に、それぞれ別の仕方で命令に反応するほかの人たちとの対比において）（189）

「式によって、数列の移行が決定されている」というとき、この文は、どのように使われているのか、という問をウィトゲンシュタインはたてる。この文の意味ではなく、この文の使われ方を考えてみよう、といっているのだ。「意味は使用だ」という考えから出発しようというのである。「式によって、数式の移行が決定されている」という文の意味をそのまま受けとれば、「数式によって、もともとすべての数列の移行は決まっている」といったことになるだろう。しかし、ウィトゲンシュタインは、この文が使われる最初の可能性として、$y=x^2$ という数式があった場合には、われわれは、xに同じ数を入れれば、yの値も、それに応じた同じ数がでてくることを教育（訓練）される現場があることを指摘する。つまり、実際に $y=x^2$ という式を何も知らない段階から習得するときに、この文が登場するというのだ。このような強調は、とてもウィトゲンシュタインらしいといえるかも知れない。

ウィトゲンシュタインは、数列を実際に教え、それにしたがって生徒が数列を書く際にも、教えた段階ですべての数列の数が決まっているのではなく、そのつど、生徒がどのような数字を書くかで、その数列が決まると考えている。それと同じように、数式が数列の移行を決定するという文もまた、その文を実際に教える現場から考えようとするのだ。

たとえば、$y=x^2$だって、最初にこの式を見るものにとっては、何もわからない。アルファベットや累乗記号はすでに習得していたにしても、$y=x^2$をほかの多くの人たちと同じように使うことができるためには、ある種の訓練がどうしても必要だろう。xやyに任意の数を入れるということさえ、よく考えると素直に受け入れることは難しい。どういうことなのか考えこむ人は、一定数いるにちがいない。だから、「移行が……という式によって決定されている」という表現を最初に使う際にも、実際の現場では、多くのことが必要だろうし、さまざまなことを学び、数式についての前提を共有するところまで、その生徒を連れてこなければならない。「移行が……という式によって決定されている」という文の解釈が一定のものになるよう注意を払わなければならないのだ。（もちろん、一定のものになるよう注意を払う際に使う文の解釈も無限に可能なのだが）

さらに「〈+3〉なる命令が、これらの人たちにかんしては、ある数からつぎの数への移行を完全に決定している」という言い方もできるとウィトゲンシュタインはいう。「これらの人たち」とは、数式によって移行が決定されていることを習得した人間であろう。そのような人間であれば、〈+3〉なる命令を受ければ、どんな数の段階においても、つぎの数は3を足したものを記すだろう。しかし、これはあくまでも、その人間を訓練したから、そのように書きつづけることができるのであって、数式がもともと数の移行を決定しているわけではない。

そして、この人たちと異なる人たちについて、ウィトゲンシュタインは、（　）のなかで補足している。実際に訓練を受けていなければ、命令されても、数式を見ても何もできないだろうし、もし訓練を受けたあとであっても、ウィトゲンシュタインがいままで想定したようなそのつど異なった解釈をする人間であれば、こちらの命令に、ほかの多くの人たちと同じようには反応しない。ウィトゲンシュタインは、つぎのようにいう。

他方われわれは、さまざまな種類の式、および、それらに付随するさまざまな種類の使用（さまざまな種類の訓練）を互いに対比させることもできる。そのとき、われわれは、一定の種類の式（およびそれらのしかるべき使用法）を「与えられた一つのxに対して一つの数yを決定する式」と呼び、ほかの種類の式を「与えられた一つのxに対して一つの数yを決定しない式」と呼ぶ（$y=x^2$ が第一の種類、$y\neq x^2$ が第二の種類だろう）。このとき、「……という式は数yを決定する」という文は、式の形式にかんする発言である——そして、いまや「わたしの書いた式がyを決定する」とか「ここにyを決定する式がある」といった文が、「式 $y=x^2$ は与えられた一つのxに対して数yを決定する」といった種類の文から区別されなければならない。このとき、「yを決定する式がそこにあるのか」という問は、「この種の式がそこにあるのか、それともあの種の式なのか」というのと同じものである。（189）

ここで、文のいくつかの位相のちがいをウィトゲンシュタインは指摘する。$y=x^2$を「与えられた一つのxに対して一つの数yを決定する式」と呼び、$y \neq x^2$を「与えられた一つのxに対して一つの数yを決定しない式」と呼ぶ場合、この言明は、それぞれの式の形式についてのものだ。つまり、$y=x^2$という式は、具体的に数を入れる以前に、かたちとして、xとyの関係をこのように決めている式だ、といっているわけである。こういう形式をもつ式の特徴を外側から説明しているのだ。それに対して、「わたしが書いた式が、yを決定する」といった発言は、具体的にxに数を入れれば、yが具体的に決まる、といっているのであって、形式について語っているわけではない。実際にやってみることを前提に説明しているともいえるだろう。

この二つの位相を区別する必要があるとウィトゲンシュタインはいう。これは、何をいっているのだろうか。直前でウィトゲンシュタインは、「たとえば$y = x^2$という式によって、すべてが決定されている」という表現を使う、その使い方に着目していた。もし、この表現を形式についての説明として使うのであれば、何の問題もないだろう。別の言い方をすれば、この式は、「$y = x^2$という式」と「決定される」という語の定義のような文である。xにある特定の数を代入すれば、おのずと(=)yの値がでてくる。それが$y = x^2$という式の意味であるし、「決定する」という語の意味である、ということだ。そのこと(形式)だけをいっているということになる。

しかし、もし$y = x^2$という式を実際に使う人間に対して、この式は、yを決定する式なのだといいながら、「$y=x^2$」と書くとき、それは形式についての言明ではなく、実際にこの式を使ってある値をだすように促していることになるだろう。そうなると、この文は、「y」や「x」や「=」や「決定する」について、一定の訓練を受けたものにしか意味のない文になる。このような二つのレベルのちがいを考えれば、「代数式が、数列を決定している」というのは、最初の定義のレベルでいえば、たしかにその通りかも知れない。しかし、実際にその代数式を使って数列を書きつづける者にとっては、そうではなくなる。「代数式」や「決定する」ということの意味や、それを具体的に運用する際の実際上のもろもろの問題（解釈や補足事項など）がでてくるからだ。それほど、何もかも最初からスムーズにいくわけではない。だからウィトゲンシュタインは、数式によって、すべての数列が決定されているという言い方は、形式についての言明であればよいが、そうではなく、実際に数列を書く場合の言明なのであれば、多くの問題がそこにふくまれているというのである。

この節の最後にウィトゲンシュタインは、つぎのような例ももちだす。

ところが、「$y=x^2$というのは、与えられた一つのxに対して一つの数yを決定する式なのか」という問によってわれわれが着手すべきことは、そのままではあきらかでない。この問を生徒に発して、かれが「決定する」という語の使い方を理解しているかどうか試すこともおそらくできるだろう。あるいは、それは、一定の体系のなかで、xがたった一つの平方の値しかもた

ないことを証明せよ、という数学の問題でもありえよう。(189)

ここでは、先に区別した形式上の言明と具体的な適用についての言明のちがいを指摘している。「$y=x^2$」というのは、与えられた一つのxに対して一つの数yを決定する式なのか」という問に対して、形式上の言明についての問いかけならば、「決定する」という語の理解の程度をためす問になる。そうではなく、具体的な問いかけとすれば、「xがたった一つの平方の値しかもたないことを証明せよ」という問になるというわけだ。

ウィトゲンシュタインの「語の意味は、その使用である」という考え方にたてば、「移行が式によって決定されている」という文も、それを使う文脈によって意味が異なり、そのちがいに無頓着な場合には、多くのまちがいをおかしてしまうということになるだろう。

人はいまや「どのようにこの式が考えられているかということ、そのことが、どのような移行がなされるべきかを決定する」ということができる。どのようにこの式が考えられているかを判定する基準は何なのか。たとえば、われわれがそれをいつも使っている仕方、われわれに教えられたその使い方なのである。(190)

ここでふたたび相手が「どのようにこの式が考えられているか（meinen）ということ、そのことが、どのような移行がなされるべきかを決定する」という。前節で、ウィトゲンシュタインが「決定する」という動詞が入った表現の多様性を指摘したので、それに依拠して「考え（思い）」（Meinen）をもちだしたのだ。それに対してウィトゲンシュタインは、「判定する基準」を問い、自分で「使っている仕方、教えられた使い方」という答をだす。

その式を使っている人が、どのような意味でその式を考えているのかは、実際には確認できない。確認できるのは、その人が具体的にどのようにその式を使用するかだけである。そしてその使い方は、その人がわれわれの共同体の一員であれば、われわれがいつも使っている、つまり、共同体で教えられ共有している使い方だろう。

ここでウィトゲンシュタインは、「思い」（Meinen）というかたちのない（「本物の持続」をもたない）ものを、「使用」という具体的にわれわれが共有しているものに変えた。というのも、式に使っている記号さえも、最初は誰かに教えてもらって使いこなせるようになるものだからだ。

われわれは、たとえばわれわれの知らない記号を使っている人に向かって、「あなたが〈x!2〉ということで x^2 のことを考えている（meinen）のなら、y はこの値になるけれども、2x のことを考えているなら、あの値になる」などという。——そこで自問せよ、「x!2」ということであれやこれやのことを考える（意味する）ことを、人はどのようにしておこなっているのか、と。

このようにして、思うこと（Meinen）が移行を前もって決定できるのだ。（190）

〈x!2〉という未知の記号にであったとき、それがx^2のことなのか、2xのことなのかをこちらで、その使用者に訊く。もし、「思い（考え）」（Meinen）が、何の記号も使わずに、純粋におこなわれる（生じる）のであれば、〈x!2〉もそのまま「思う」ことができるだろう。しかし、われわれは、x^2や2xというわれわれの共同体で教えられ習得した熟知の記号に置き換えなければ、〈x!2〉を「思う」ことはできない。つまり、式を構成する記号でさえも、過去の習得によってわれわれが手にしているものを使って「思わ」ざるをえないのである。つまり、すでに習得している記号をもっていなければ、われわれは「思う（考える）」ことはできないのだ。もし、こうした使い方の習熟を前提にした「思い」であれば、「思い」といえないこともないだろう。というのが、ウィトゲンシュタインの考えなのである。

だからこそ、「このようにして、思うことが移行を前もって決定できるのだ。」のなかの「このようにして」が強調されているのだ。恣意的な記号 x^2 や 2x を、われわれはどこかで教わる。そのことによって、x^2や2xを使ってさまざまな計算をしたり、数式をつくったりできるようになる。

このような習慣を経て初めて「思うこと」が可能になり、その思いにより移行が前もって決定される、ということも教わることになるだろう。こうしてわれわれは、x^2や2xをふくむ規則を習得していく。「思い」は、空虚で純粋なものではない。かならずある種の道具を使いこなすことと密接につながっている。つまり、x^2や2xといった記号を自在に使うことこそが「思い」なのである。このように考えれば、「思うことが移行を前もって決定できる」というのは、x^2や2xを習得すれば、x^2や2xの属している体系（数学の体系）のなかでは、移行を前もって決定できるというだけのことになるだろう。ようするに、ルールを習得すればゲームができるというだけのことだ。

しかし、そのルールを具体的に適用する際に、一人ひとりがどのような解釈をするかは、まったく別問題である。ルールに表面上したがっている限り、その解釈のちがいは、誰にも気づかれない。

しかし、少し先走りすぎた。

三、語の適用（第191節、第192節、第197節）

つぎの節を見てみよう。

「われわれは語の使い方すべてを一挙に把握できるかのようだ。」——たとえば何のように？——人はそれを——ある意味で——一挙に把握できるのではないか。そして、どのような意味であなたはそれができないのか。——それはまさに、われわれがそれらを、はるかに直接的な意味で〈一挙に把握する〉ことができるかのようなのだ。——だが、あなたはそのことの見本をもっているのか。もっていない。われわれにはこうした表現の仕方しか与えられていない。互いに交差しているイメージの結果として。（191）

この節を見ると、ウィトゲンシュタインが数式とその適用との関係を、語とそのすべての使い方との関係と並べて考えていることがわかるだろう。$y=x^2$ という式に、具体的な数字を入れる個々の場面と、たとえば「万年筆」という語を使用する実際の場面との比較だ。そしてこの節では、語について語っているというわけだ。ここには、二つの問題があるのではないか。

まずは、語の使い方を一瞬のうちに把握できるのか、という問題だ。数式と対応させてみよう。どんな語でも辞書のなかで定義されている。「万年筆」も「かぶと虫」も「夕陽」も何もかも、一定の定義が存在するだろう。これは、たとえば $y=x^2$ という式が、「$y=x^2$ というのは、与えられた x に対して y を決定する式である」と説明されているようなものだ。しかし、$y=x^2$ という式は、x に何か具体的な数を入れなければ、実際の場面で使われることはない。それと同じように、「万年筆」や「夕陽」も、具体的な文章のなかに登場しない限り何の役にもたたない。

つまり、どんな語でも散文や詩や会話のなかで使われなければ、語としての生命は保たれない。そしてその文章、つまり、実際に使われている文脈は無数にあるだろう。決して、「一瞬のうちに把握できる」ようなものではない。数列が無限につづくように、文脈も無限なのだから。

だからウィトゲンシュタインは、われわれは、このようなことの見本をもってはいないという。どう考えても、無限を一瞬のうちに把握するのは無理だからだ。

もう一つの問題もあるだろう。〈一挙に把握する〉という表現だ。この表現は、ある意味で恐るべき表現である。そんなことは、決してできないにもかかわらず、そう表現できてしまうからだ。〈無限〉を「無限」と表現できるし、〈無〉を「無」と表現できるのだ。ウィトゲンシュタインもいうように、「われわれには、こうした表現の仕方しか与えられていない」のである。この表現に見合うものを、われわれは実際にはもつことも認識することもできない。しかし表現は存在している。これは、言語のもつ、とてつもない特徴である。

しかし、これは同時にxやyという記号の特徴でもある。xやyには、任意の数を入れることができるからだ。数は無限にあるので、xやyは、この一文字だけで、われわれには決して届くことのできない無限をあらわしていることになるだろう。「変数」という概念の恐ろしさである。つぎの第192節で、この言語の特徴に着目して、「哲学」批判をウィトゲンシュタインはする。

あなたはこの度外れた事実の見本をもってはいないが、しかし、度外れた表現は使いたくなる。（人はこれを哲学的な最上級と呼ぶことができよう）（192）

この「哲学」が、具体的にどのような哲学を指しているのかは曖昧だ。けれども、おそらく「語りえないもの」について滔々《とうとう》と駄弁を弄するたぐいの哲学であると考えてもいいだろう。「語りえないもの」というのは、「存在」であるとか「神」であるとか「倫理」といった「度外れた事実」のことである。もちろん「無限」とかかわる概念もそうだろう。本当は「語りえない」にもかかわらず、われわれが語や概念をもっているために「語ってしまう」対象群だ。これらを論じる「哲学」のことを指していると考えられる。

第191節の「われわれは語の使い方すべてを一挙に把握できる」という文は、さらに第197節の冒頭でもくりかえされる。第197節を見てみよう。

「われわれは語の使い方すべてを一挙に把握できるかのようだ。」――まさに自分たちはそうしている、とわれわれはいう。たしかに、われわれは自分たちのしていることを、ときおりこうしたことばで記述する。ところが、実際におこっていることには、驚くようなこと、奇妙なことは何一つない。それが奇妙になるのは、将来の展開が何かある仕方ですでに把握する行為のうちに現存していなくてはならないのに、現存してはいない、とわれわれが考えてしまう場合である。――というのも、われわれがこの語を理解しているのは疑えないというのに、他方その意味はその使用のうちにあるからだ。わたしがいまチェスをしようとすることに疑いはないが、しかしチェスというのは、そのあらゆる規則（等々）によっておこなうこのゲームのことなのだ。すると、わたしは、このゲームをし終えるまで、自分がゲームをしようとしていたことを知らないか、それとも、あらゆる規則は、意図するというわたしの行為のなかにふくまれているのか。このとき、意図するというこの行為から、ゲームをするというこの行為が、たいていはつづくことをわたしに教えるのは、経験なのだろうか。すると、わたしは自分が何を意図していたのか確信をもちえないのか。もしこうした疑問がナンセンスだというのなら、意図する行為と意図されたことのあいだにどのような超強固な結びつきがあるのだろうか。——「チェスを一局やろう!」ということばの意味と、このゲームの規則全体との結合は、どこで生まれるのか。——そう、ゲームのルールブックのなかで、チェスを教える際に、ゲームをする日々の実践において。(197)

たしかにわれわれは、たとえば「山」という語の使い方すべてを把握していると思っているだろう。日本語を母語とするものにとっては造作もないことだと思う。ところがウィトゲンシュタインは、「語の意味はその使用だ」という立場にたっているのだから、いくら「山」という語を理解し把握しているといっても、「山」の意味は、具体的に使用してみなければあらわれることはないという。そもそも「山」という語に純粋な〈意味〉が、はりついているわけではない。だとすれば、この「われわれは語の使い方すべてを一挙に把握できるかのようだ。」という文は、いったい何を意味しているのだろうか。

このことをウィトゲンシュタインは、チェスを例にだして説明する。「チェスを一局やろう」といったとき、そういった本人は、たしかにチェスのルールすべてを把握していると思っているだろう。だからこそ、そのような意図を表明した。しかし本当に、かれがすべてのルールを把握したうえで、チェスをしようとしたのかどうかは、かれが実際にチェスをしてみなければわからない。

「チェスをしたい」という意図、あるいは「チェスを把握している」ということは、現実のこの世界に「持続として」(時間の幅をもって)登場しないからだ。

そうなると、チェスを一局指し終わるまで、その意図を確認できないのだろうか。ウィトゲンシュタインが、先に「理解」や「知る」について議論していた内容からすれば、たしかに、実際チェスをする(時間の幅をもった行為)ことによって、把握や意図もあきらかになる(そういうものがあったのだとわかる)ということになるだろう。

「理解」や「知る」や「把握」や「意図」は、現実の世界のどこにも登場しない。これらの潜在的な事態をたしかめるためには、実際に行為したり、問題を解いたり、ゲームをしたりしなければならない。われわれは、何度もチェスをする経験を積むことによって、意図を実行に移すという過程を体得していく。「チェスを一局しよう」といったからといって、そのことのなかに、ゲームのすべての規則がふくまれているわけではない。実際にゲームをすることによって、つまりゲームの規則にしたがい、ゲームの相手とさまざまな(規則にしたがった)やりとりをすることによって、意図や把握は現実のものとしてたしかめられていく。

つまり、「ゲームの規則表のなかで、チェスを教える際に、ゲームをするという日々の実践において」ゲームをやろうということばとゲームの規則全体とが結びつくというわけだ。ゲームを把握したり、ゲームを意図したりすることのうちに、ゲームの規則全体が純粋なかたちでふくまれているわけではない。もっといえば、われわれは、規則を頭で解釈し理解しているのではない。数式を習い、言語を習得し、ゲームを覚え、ほかの多くの人たちとそれらを使ってやりとりしながら、実地で行為していくのである。たしかに、一人だけで数式を解釈したり、独り言をいったり、一人将棋をすることも可能だろう。しかし、それが可能になるのは、他の人間（おそらく学校の先生）に数学を教えられ、多くの人間の言語シャワーを浴び母語を覚え、将棋のルールを教えてもらって他の人とこれまで何局も将棋を指してきたからなのだ。ようするに、まずは共同体のなかの他人と交流しながら、ことばを使いゲームをし計算をしてきたのである。実地での行為の蓄積がまずあるのだ。

四、規則にしたがう（第199節、第201節、第202節）

第199節でウィトゲンシュタインは、「規則にしたがう」ということの結論をいう前に、つぎのように問いかける。

われわれが「ある規則にしたがう」と呼んでいることは、たった一人の人間が生涯でたった一度だけおこなうことができるようなことなのか。――これは、もちろん「規則にしたがう」という表現の文法にかんする注釈である。（199）

ここでいっている「「規則にしたがう」という表現の文法」というのは、「規則にしたがう」という表現が、実際の使用の現場で、どのようなあり方をしているのか、ということだろう。「理解」や「知る」という語の文法が、「本物の持続」をもたないという性質があるように、「規則にしたがう」の文法（語の使い方や語の都合）は、どのような性質なのかというわけだ。さらに、同じ節でウィトゲンシュタインは、つぎのようにいう。

たった一度だけ、たった一人の人間がある規則にしたがった、などということはありえない。たった一度だけ、たった一つの報告がなされ、たった一つの命令が与えられ、あるいはそれが理解された、などということはありえない。――ある規則にしたがい、ある報告をし、ある命令を与え、チェスを一局するのは、慣習（習慣、制度）なのだ。
ある文を理解するということは、ある言語を理解するということである。ある言語を理解するということは、ある技術をマスターするということなのだ。（199）

「規則にしたがう」というのは、「たった一人の人間が、生涯でただ一度だけおこなうことができる」といったようなことではない。したがって、「規則にしたがう」という表現の文法は、「複数の人間、あるいは共同体を前提として、何度もおこなわれる行為」というものになる。字面だけ見れば、「規則にしたがう」という言い方を、一度だけしたがう場合に使っても何の問題もないように見える。われわれもそういう使い方をしばしばするだろう。しかし、「規則にしたがう」の文法は、そのようなものではない。この表現は、そういう使い方は、本来できないものなのだ。

つまり、規則にしたがい、報告や命令やチェスをするのは慣習なのである。だから、「規則にしたがう」の文法は、「慣習」と深く結びついている。いわば、「規則にしたがう」の背景には、それと不可分なかたちで「慣習」がある。数列をつづけることも、将棋を指すことも、母語を話すことも、すべて「規則にしたがう」ことなのだから、その背景には慣習があるということになるだろう。われわれは、それぞれが一人で独自の解釈をして、そのつど「規則にしたがう」わけではない。数列や将棋や母語を教わり何度もくりかえし（訓練し）、体得した結果として規則にしたがっているだけなのだ。純粋な規則があり、それにおのおのの人間が一人で向き合ってしたがうわけではない。あくまでも慣習や制度に否応なく入りこむことから始まるのである。慣習や制度があるからこそ規則にしたがうことが可能になるのだ。

このように多くの場面で使われる「規則にしたがう」という語の「文法」は、こうした構造をもっている。そして、このような領域こそ、「文法の領域」（いってみれば「語の無意識」）といえるのだ。だから、言語の規則にしたがって、ある文章を理解するのは、言語全体を理解することであって、それはとりもなおさず、ある技術（言語を自在に使う）をマスターすることにほかならない、ということになるだろう。

そして、さらにたたみかけるように有名な一節がつづく。

われわれのパラドックスは、ある規則はいかなる行動の仕方も決定できないだろう、なぜなら、どのような行動の仕方もその規則と一致させられるから、ということであった。このパラドックスに対する答は、どのような行動の仕方も規則と一致させられるのなら、矛盾させることもできる、ということであった。それゆえ、ここには、一致も矛盾も存在しないことになるだろう。（201）

ある規則を指定して、「それにしたがうように」といったところで、その時点で、その規則にしたがうあらゆる（無限の）場合をつくして指定しているわけではない。それは不可能だ。だから、実際に規則を適用する際に、その規則にしたがうようにいわれた人間が、そのつど、独自の解釈をして規則にしたがうことになる。「+1」という数列を指定されたにもかかわらず、1000 以上は「+2」で、2000 以上は「+3」だと解釈することも可能だろう。あるいは、将棋をする際に、一手ごとに自分の手を棋譜読みあげのように大声で相手に伝えるなどということも、規則の範囲内だといってするかも知れない。

解釈によっては、どんな行動も規則にしたがっていることになるし、別の解釈をすれば矛盾させることもできるだろう。つまり、もし規則を解釈したうえでしたがうことになると、規則の範囲内であれば（ルールブックのなかに、規則にしたがったすべての行為が記述されているわけではないので）、解釈可能なあらゆる行為が可能になるし、その結果、「一致も矛盾も存在しなくなってしまう」。

しかし、われわれの世界では、そのような状態にはなっていない。数列を学校で学べば、ほとんどの生徒が教えられた数列を同じように書きつづけるし、囲碁や将棋を習得した人たちは、よほどのことがない限り、ルールのことでもめたりはしない。それは、なぜだろうか。

ウィトゲンシュタインは、つづける。

> ここに誤解があるということは、われわれがこのような思考過程のなかで解釈につぐ解釈をおこなっているという事実のうちに、すでに示されている。あたかもそれぞれの解釈が、その背後にあるもう一つの解釈に思いいたるまで、われわれをすくなくとも一瞬のあいだ安心させてくれるかのように。つまり、このことによって、われわれは、解釈ではない規則の把握、規則の使用のそのつどの場面で、われわれが「規則にしたがう」あるいは「規則にそむく」と呼ぶことのうちにあらわれてくる、規則の把握が存在することを示すのだ。(201)

ここでウィトゲンシュタインのいう「誤解」とは、規則にしたがうときに規則を解釈していると思いこむというものだ。われわれは、数列を書きつづけているときに、そのつど、規則を解釈しているわけではない。ほとんど意識せずにつぎつぎと数を書いていく。その途中で、1000以上になったことを特別意識することは通常ない。将棋でも同じだ。一手一手、どんな手を指すかはもちろん考えるが、その一手ごとに、その駒の動かし方や将棋全体のルールを改めて解釈したりはしない。ようするに、規則をいちいち考えたりはしない。

われわれは、一手指すごとに将棋の規則を把握していることを自ら確認し、その規則を解釈しているわけではない。おのずから、そのつど具体的に規則にしたがうことによって、規則をきちんと把握していることがはっきりわかるだけなのだ。対局中、誰もそんなことは意識しないけれども。あくまでも、一手一手、規則にしたがう手を実際に指すことの方が先行している。その具体的行為にこそ規則の把握があるのだ。

だからこそ、ウィトゲンシュタインは、つぎのように結論を述べる。

それゆえ、〈規則にしたがう〉というのは、一つの実践である。そして、規則にしたがっていると信じていることは、規則にしたがうことではない。それゆえ人は、規則に〈私的に〉したがうことはできない。さもなければ、規則にしたがっていると信じていることが、規則にしたがっていることと同じになってしまう。(202)

自分なりに理解して規則にしたがっていると信じているとしても、その規則を実際に適用した際に、ほかの多くの人たちと異なったものであるならば、それは、規則にしたがっているとはいえない。自分なりに解釈して、「+2」の数列を、1000以上は、「+4」になるはずだと思ったとしても、ほかの人たちがそのように書きつづけなければ、それは、「+2」の数列の規則にしたがっていることにはならない。規則にしたがうという行為は、多くの人間によってなされているのであって、そこで一定の「規則の把握」が、そのつどのしたがうという行為とともに成立している。将棋や囲碁が、実際の対局において、ルール上の問題がさほどおきないのは、具体的に指したり打ったりしているときに、そのつど、「規則の把握」が、多くの人によって〈公的に〉確認されつづけているからなのだ。

ウィトゲンシュタインがいうように、「規則に〈私的に〉したがうこと」は、決してできない。われわれは、規則に、必ず多くの人とともにしたがうのである。だから、「把握」や「理解」や「知る」といった、「本物の持続」をもたない動詞の内実は、こうした具体的な行為において確認されつづけているということになるだろう。これは、これまでも何度もウィトゲンシュタインが述べてきたこととも一致する。

第三章 私的な言語

一、感覚E（第259節～第261節）

自分だけで（私的に）規則にしたがうことはできない。それでは自分だけでことばを使うことはできるのだろうか。自分だけのことば（私的言語）は可能なのだろうか。第259節を見てみよう。

私的言語の規則とは、規則についての印象なのか。——印象をはかる秤《はかり》は、秤についての印象ではない。（259）

私的言語が、もし「言語」ならば、規則がなければならないだろう。規則がなければ、言語とはいえない。なぜなら、複数の人間が言語を同じように使うためには、誰もがしたがう規則がどうしても必要だからだ。将棋というゲームをするとき、規則がなければ二人の人間が盤を挟んで将棋をすることは不可能だろう。もし、それぞれが自分だけの規則にしたがったら、共通の前提（規則）がないのだから、どんな手も指すことができ、とてもゲームは成りたたない。

第258節の感覚日記におけるEという記号（自分だけが感じる私的な感覚をEという記号で日記に

つける、という思考実験。『ウィトゲンシュタイン『哲学探究』入門』275頁以下参照）は、誰でも確認できるような規則にのっとってはいない。日記をつける本人にしかこの記号が指しているものはわからない。それだけではない。もしかしたら、日記をつけている本人にさえ、Eという記号と、それが示している感覚との関係はたしかなものとはいえないかも知れない。本人だけの感覚の記憶に頼るのでは、根本的に覚束ないからだ。その記憶がたしかなものであることをたしかめる基準が、どこにもない。

　だからウィトゲンシュタインは、「私的言語の規則とは、規則についての印象なのか。」という。Eという「私的言語」が、この感覚を指すと誰にでもわかるようにするためには、その規則は、あらゆる人間の感覚との対応関係を前提としなければならないだろう。しかし、それぞれの人間の私的体験（感覚）を、誰にでもわかる（たとえば同じ「机」を見るような）ものにすることはできない。「歩は一マスずつ進む」という規則のように、誰もが確認でき納得できるものにはならない。「Eは、こういう感覚を指す」とその感覚を感じている当人がいったところで、他の人間には決してわからないだろう。その人だけの「私的感覚」だからだ。この私的な「こういう感覚」は、「一マス」とは異なり、多くの人は決して共有できないのだから。

　印象をはかるためには、その秤は、印象とは異なる領域になければならない。つまり、内的な領域ではない外的な秤（基準となるもの）が必要なのだ。そのような基準がなければ、そもそも「はかる」という行為は不可能だ。規則や秤は、それにしたがったり、それを使ってはかられるものとは異なる領域になければならない。印象のなかで、すべてが進行するのでは、何もはかれない。

わたしは、自分の感覚をEと名づける。その私的な感覚を、本人以外は感じることはできない。したがって、その感覚とEという記号との関係は、本人以外確認できない。たとえば、将棋の歩の動き（E）を、本人だけがわかっていて、「歩というのは、こう動くのだ」と勝手に決め、それを誰にも教えないようなものだ。ほかの人間には、本当の歩の動きをたしかめるすべはない。将棋がそのようなゲームになってしまうと勝ち負けは決まらなくなり、各人が自分の感覚によって、駒の動きをそのつど決めることになるだろう。

> 「ところで、わたしは、これもくりかえしおこった感覚Eだと思う。」――あなたはたぶん、そう思うと思っているのだ！
>
> そうすると、この記号をカレンダーに記入した人は、まったく何も書きとめなかったことになるのか。――誰かが記号を――たとえばカレンダーに――記入すれば、何かを書きとめたことになるのはあたり前だ、などと考えるな。書きとめることにはたしかに何らかの機能があるけれども、記号「E」にはそれだけではまだ何の機能もないのである。（260）

「くりかえしおこった感覚E」は、わたしの記憶のなかにしか存在しない。「E」という記号はあるにしても、その記号は、わたしの記憶のなかにある感覚を保証するものではない。もし、そのときの感覚が、けがをしたときの感覚（激しい痛み）だったとすれば、その感覚を記録したEという記号と、そのときのけがの傷跡が対応しているといえるかも知れない。しかし、その傷ができたときの〈感覚そのもの〉は、どこにもその痕跡は残されていない。記憶のなかに、つまり、われわれのいわば「内側」にだけあり、確認できないものとして存在している。

そうだとすれば、〈これ〉（〈感覚そのもの〉）を「くりかえしおこった感覚」だと思うのは、どこにも根拠のない、ただの「思いこみ」にすぎない可能性が高くなるだろう。「くりかえしおこった感覚だと思う」といっても、どうにもならない。どこにも証拠はないのだから。つまり、「そう思うと思っている」（思いこみ）にすぎないのだ。

たとえば、新宿である有名な将棋の棋士Aを見かけた。たぶん、Aさんだと思うが確信はない。ところが、何日かしてツイッターで、本人が同時刻に新宿に行っていたと書く。そうなると、Aさんではないかと思っていたのが、本当にAさんだったと判明する。つまり、最初に「思った」段階で決着がついていた（本当だったのかどうかの結論がでる）ことにあとで気づくというわけだ。

ところが、ある夜夢のなかで、新宿らしい街で、同じAさんだと思われる将棋指しに会う。眼が覚めて、あれはAさんだったのではないかと思う。しかし、それは夢のなかの出来事なので、Aさんかどうかの結論はどうやってもでない。夢を見ていた同時刻にAさんが新宿にいたとしても、それは偶然にすぎないだろう。あれは、Aさんだったと（夢のなかで）思ったと思うしかないわけだ。

このように自分だけが経験した感覚は、夢のなかの出来事と一緒で、どこまでいっても確認はできない。だから、自分の感覚をEと書きとめても構わないが、そのことによって、そのEと、そのときの感覚とが対応していて、その後同じ感覚だと思われる感覚を経験してEと記したとしても、その「記号「E」にはいまのところまだ何の機能もない」ということになるだろう。

さて、ウィトゲンシュタインは、さらにつぎのようにいう。

> 「E」をある感覚の記号と呼ぶことに、どのような根拠があるのか。つまり、「感覚」というのは、われわれに共通の言語にふくまれる語であって、わたしだけに理解される言語の語ではない。それゆえ、この語の使用は、すべての人が了解するような正当化を必要とする。——だから、また、それが感覚である必要はないとか、かれが「E」と書くときには何かを感じているのだとかいったところで、何の役にもたたないであろう。——しかも、それ以上のことをわれわれは何もいえないであろう。ところが、「感じている」とか「何かを」とかいうことばもまた、共通の言語に属している。——だから、人は哲学する際、ついにはいまだ不分明な音声だけを発したくなるような段階へと到達する。——しかし、そのような音声は、一定の言語ゲー

ムのなかにあってのみ、一つの表現になっているのである。いまや、その言語ゲームが記述されなくてはならない。(261)

しかし、「いまのところ何の機能もないこのE」も、「E」という記号であることはたしかだ。われわれは、それを視覚でとらえることができるし、発音し聴覚で聞くこともできる。そして、ドイツ語ができる人間であれば、「もしかしたらEmpfindung(感覚)」の「E」かも知れないと推測も可能だ。

自分だけが感じる感覚をEと名づける。そこで、何がおきているのか。私的な領域(〈感覚そのもの〉)と、公的な領域(複数の人による公共の言語)とが、一瞬だけ交わったことになるのではないか。自分だけの感覚を自分が感じたこの瞬間の唯一無二の感覚として表現したいのであれば、特別にあつらえたこの感覚だけの表現がなければならないだろう。しかし、どこをどう探しても、それらしいものは存在しない。だから、この唯一無二性にこだわれば、「いまだ不分明な音声だけを発したくなる」というわけだ。だが、われわれの世界では、不分明な音声などどこにもない。音声を発した途端に言語的な領域で処理されてしまう。そこで、つい「E」という記号を書いてしまうというわけだ。「E」ではなく、「筆舌に尽くしがたい何かを感じている」といってみたところで、それはすでに言語のなかにすっぽり収まる既成の表現でしかない。つまり、「一定の言語ゲームのなかにあってのみ、一つの表現になっている」のだ。どうやっても、私的な、自分だけの感覚を表現する手段は存在しない。私的なものの周りは、「言語ゲーム」に包囲されている。

二、私的な領域について（第265節）

わたしたちは、自分の心のなかで、いろいろなことを考え、想像し、悩み、何かを企てる。この上なく喜び、心底落胆し、深い悲しみにも沈みこむ。痛みや心地よさ、かゆみやくすぐったさも感じるだろう。しかし、ウィトゲンシュタインにとって、こうした私的な出来事は、決して言語にはできないものであった。なぜなら、言語とは、徹頭徹尾公的なものだからだ。言語とは、誰のものでもなく（私的なものを表現できない）、誰のものでもあるもの（言語化すれば必ず公のものになる）なのだ。こうした私的な領域について、ウィトゲンシュタインは、さまざまな例をだして考えていく。

第265節から始めてみよう。

われわれの想像のなかだけに存在するような表、たとえば辞書を考えてみよう。辞書によって、われわれはある語Xを別の語Yによって翻訳することを正当化できる。しかし、そのような表が想像のなかでだけ参照される場合、それもわれわれは正当化と呼ぶべきだろうか。（265）

想像のなかにある辞書。この辞書によって、翻訳を正当化できるのか。これが、本節の最初の問いかけだ。そもそも辞書というのは、どういう働きをするものなのだろうか。大きく辞書には、二種類あるだろう。外（国）語の辞書と母語の辞書だ。前者は、外（国）語と母語の対応表のようなもので、後者は、一語一語をその語と同じ言語で説明していく。この二種類の辞書のちがいは、とても大きい。「辞書」という同じ語で呼ぶのがはばかれるくらいだと思う。

前者の、母語とそのほかの言語とを対応させる辞書（英和辞典や和英辞典のようなもの）は、二つの言語が対応可能だということを前提している。「机」という語を、和英辞典で調べれば「desk」という語がでてくる。これは、「机」と「desk」が対応しているということだろう。しかし、このことは、ウィトゲンシュタインの語の意味についての考え方からは認められない。

語の意味は、その使用なのだから、「机」という語の意味は、それが使用される多くの場面（コンテクスト）においてあらわれる。もともと「机」という語の意味が、具体的な使用とは別に純粋なかたちであるわけではない。そして「desk」の方だって同じだ。英語の文脈で使われる数多の場面でその意味らしきものは、あらわれてくる。このように考えると、想像の上だけとはいえ、この種類の辞書において二つの言語間の語の「意味」が対応しているというのは、ありえないことになるだろう。

もう一つの辞書は、どうだろうか。たとえば日本語の「国語辞典」といわれるもの。この辞書は、どのような性質のものなのだろうか。想像のなかでの辞書という思考実験にあわせて、かなりうがった見方をしてみよう。

「国語辞典」はかなり不思議な辞書だ。なぜなら、日本語という閉じられた空間のなかで、すべての語を説明しようとしているからだ。たとえば「哲学」という語を引いてみよう。「物事を根本原理から統一的に把握・理解しようとする学問」(『広辞苑　第七版』二〇一八年、岩波書店)と書かれている。

しかし、この語(「哲学」)の説明を理解するためには、「物事」「根本原理」「統一的」「把握」「理解」「学問」、さらには、「を」「から」「に」「しようとする」なども正確にわかっていなければならない。わからないならば、それらの語をわれわれは、ふたたび同じ辞書で調べようとするだろう。これでは、いつまでたっても意味の基底(それ以上遡ることのできないところ)には、決してたどり着かない。国語辞典という巨大迷路のなかで、永遠に迷いつづけるしかない。これは、先に述べた「規則にしたがう」という問題と密接につながっている。

想像のなかだけにある辞書は、一人の人間の「同じ」想像のなかにある。したがって、意味を知りたい語を辞書で調べるといっても、その調べた語の意味を説明する文(あるいは語)も、その語自体も、「同じ」領域(一人の想像のなか)にあることになる。どこにも「別のもの」は登場しない。

そして、このことは、正しいものもまちがったものも、どこにも存在しないということになるだろう。「正しさ」や「まちがい」を決める基準（いわば固定点）が、どこにもないからだ。

われわれは通常、知らない日本語を調べるとき、多くの日本人が認めている、他人がつくった辞典を手にする。たとえば「頓痴気」（とんちき）という語を見て、正確な意味がわからない場合、辞書を調べ「新村出」（『広辞苑』）の権威に頼って、「人をののしっていう語。まぬけ。のろま。とんま。」という説明を読み意味を知る。

つまり、想像という私的な領域においては、それ以外の他者（たとえば、新村出やほかの多くの日本語話者）が一切登場しないから、語の意味を決める固定点のようなもの（たとえば現実に存在する辞書の記述）が存在しないのである。そうなると、日本語を母語とする共同体において多くの人が合意している語の意味をたしかめるすべはなくなるのだ。

ここでウィトゲンシュタインが例にだしているのは、前者の辞書だと考えよう。何しろ、「翻訳」という言い方もしているのだから、外（国）語と母語とが対応している辞典だと考えられるからだ。

さてわたしたちは、「辞書」をどのように使っているのだろうか。

そもそも翻訳というのは、どのような作業なのか。たとえば、ウィトゲンシュタインの本を日本語に翻訳する場合、どのようなことをしているのだろうか。Kohlenstoffatomen という語をウィトゲンシュタインが使っているとする。この語を、どのように日本語にするのか考えるとき、われわれは、どうするだろうか。

もし、この単語が、初めて見たものであれば、日本語にする手がかりはまったくない。そのとき、独和辞典をひもとくだろう。そして、その語があらわれた文脈をもとにあれこれ考えて、辞書のなかの適切な訳語で訳すにちがいない。

しかしもし、privat といった（ドイツ語を習得したものであれば）誰でも知っている単語であれば、どうするだろうか。そのときは、自分のなかにある（privat についての）知識を使って日本語に訳すだろう。

まず前者の場合は、その翻訳の正当化は、あきらかに、そのとき引いた独和辞典だ。独和辞典というのは、ドイツ語の専門家が通常は複数で、訳語を厳密に検討しながらつくるものであり、誰でも手にすることができる「公的なもの」ということができるだろう。

ここでいう「公的なもの」というのは、複数の専門家によって認められ、もし、まちがいが発見されたら、複数の専門家によって検討され訂正されることが可能なもの、といったところだろうか。どこにも、個人の想像や私的な思いこみのようなものが入る余地はない。ある共同体内部での言語使用を背景にした公的なものだ。このようにして、現実に存在し、多くの人が認める辞書による「正当化」がなされる。

それでは、privat のような、ドイツ語を知っている者なら誰でもわかる単語はどうなのか。たしかにわれわれは、このような熟知の単語の場合、いちいち辞書を引いたりはしない。自分の私的な記憶に頼って訳していくにちがいない。

しかし、なぜそのようなことが可能かといえば、まずは、その言語を習得する際に、くりかえし多くの人たちが、その語を使用する現場にいあわせ辞書でたしかめたからだ。つまり、privatのような単語は、何度も口にし耳にし、あるいは訳すことによって、私的な記憶の領域にとどまることなく、いつも公的な文章やコミュニケーションの場に登場している。そのようにしてわれわれは、その語を確認しつづけている。私的な領域にあるだけの単語とは、とてもいえない。つまり、とてもなじみがあるのだ。この「なじみがある」というのは、この場合は、公的な領域と私的な領域の接触面に存在しているということだろう。

こう考えれば、いずれの語にしても、翻訳する際には、外的な（あるいは公的な）支えがないと正確に訳すことはできない。そして、その「支え」は、複数の人間によって誰にでも確認できるかたちで、できあがっているものなのだ。その最も典型的なものが、現実に存在する（想像上のものではない）辞書ということになるだろう。

だとすれば、翻訳の正当化に、「想像のなかだけに存在する辞書」を使うのは、まったく見当外れということになる。翻訳の正当化は、「私的なもの」（ただ一人だけの内的なもの）によっては、なされない。複数の人間による外的なものによってなされるのだ。

さて、ウィトゲンシュタインは、つづけて対話者につぎのようにいわせる。

――「そう、それはまさに主観的な正当化だ。」――しかし、独立した場所に訴えてこそ、正当化といえる。――「でも、わたしは、何かの記憶についてなら、別の記憶に訴えることもできる。（たとえば）列車の発車時刻をちゃんと覚えているかどうか心配になって、時刻表のページの画像を思いだして調べてみる。これと、同じじゃないのか。」――いや、ちがう。この場合は、正しい記憶を実際に呼びおこさなければならないからだ。想像した時刻表の像が、その正しさを自分でチェックできないのであれば、最初の記憶の正しさをどうやって証明できるのか。（それは、今日の朝刊に書いてあることが本当であることを確認するために、同じ朝刊を何部も買うようなものだ）

想像のなかで表を参照することは、表を参照することではない。ちょうどそれは、想像上の実験結果を想像することが、実験結果でないのと同じである。（265）

相手のいう「主観的な正当化」というのは、私的なものなので、もちろんウィトゲンシュタインは認めることはない。「独立した場所」というのは、公的で外的なものということになるだろう。自分自身の想像や思考とは隔絶した多くの人によってつくられた現実の「辞書」のようなものだ。

すると、相手は、「記憶」をもちだす。記憶のなかで、「独立した場所」らしきもの（「列車時刻表のページの像」）に依拠することができるのではないか、という。もちろんウィトゲンシュタインは、それを否定する。そのような「列車時刻表のページの像」が、それ自体で「正しく」なければ、もともとの記憶の正しさを確認することはできないからだ。

何といっても、「列車時刻表のページの像」も記憶なのだから、われわれの思考や想像とまったく同じように「私的なもの」、つまり「独立した場所」ではない領域にあるものだからである。ようするに、同じ「私的な領域」のなかで、何かが何かを確認するための支えになることはない。

ウィトゲンシュタインは、（　）のなかで、とてもわかりやすい例をだす。新聞が同じ事実をもとに報道しているのであれば、どの新聞を買っても、同じ「事実」しか書かれていないだろう。つまり、同じ世界で同じ事実がおきている場合、新聞によって、その報道の内容が異なることは通常ありえない。好きな野球チームが負けた次の日に、そのチームが勝ったと書かれている新聞を探しても無駄だ。それはまさに、同じ記憶という領域で、自分が覚えているある列車の時刻を確認するために、ほかの列車時刻表の記憶を確認したとしても、その源は、自分の記憶なのだから異なることは原理的にありえないのと同じだというわけだ。

しかし、ここでは、面白い対応関係が提示されているといえるだろう。というのも、朝刊の方は、具体的な辞書と同じように、現実に複数の人間によって確認されできあがったものだからだ。それに対して記憶は、私的領域の同語反復的事態なので、領域としては、まるで表裏をなしている。いわば私的領域で、とてもおかしなことをしているということを、外的な領域で実にわかりやすく例示すると、こうなるということだ。その「おかしさ」も、公的なものとなって、はっきりとこちらに伝わるということになる。

最後の二文のように、想像のなかでおこなわれることは、何ら現実的なものではない。実験結果を想像しても、それは、もちろん、実際の実験結果ではありえない。想像のなかでの出来事は、現実での出来事とは根本的に異なるのである。

三、私的言語（第268節、第269節、第271節、第272節）

さらに第268節では、つぎのように、とても面白い話をする。

なぜわたしの右手はわたしの左手にお金を贈ることができないのか。——わたしの右手はお金をわたしの左手に渡すことができる。わたしの右手が贈与証を書いて、わたしの左手が領収証を書くことはできる。——けれども実際にそれ以上何をしても、贈与がおこなわれたことにはならないだろう。左手が右手からそのお金を取り上げたりしたとしても、「で、それがどうしたの」と質問されるだろう。同じような質問をされるかも知れないのは、誰かが単語を私的に説明した場合だ。つまり、一つの単語を自分にいって聞かせながら、ある感覚に注意を向けたような場合である。（268）

ここでは、記憶の内部の出来事を、さらにわかりやすく目に見えるかたちで説明していく。「記憶全体」が、「自分の身体全部」というわけだ。「同じ」身体の右手と左手とのあいだで、お金の授受が成りたつだろうか、というのである。たしかに、右手と左手は、異なった手である。しかし、右手から左手にお金を贈与したからといって、何も実質的な贈与はおこらない。何といっても、同じ一人の人間の右手と左手だからだ。

同じ一人の人間のなかで、何かをあげたり、受けとったりすることは無意味だということだ。それと同じように、同じ人間の記憶のなかで、異なった記憶であっても（たとえば二〇二〇年一月二〇日に見たバス停の時刻表の記憶と、二〇二〇年二月二〇日に見た同じバス停の時刻表の記憶）、いずれかが、もう一つの記憶を保証したり、たしかめるための基準になったりはしない。同じ一人の人間の記憶の領野では、二つの記憶は、優劣や価値的なちがいがあることは決してない。

ウィトゲンシュタインがいうように、自分だけが感じる感覚の名前を、その感覚に注意を向けながら自分自身に向かっていったとしても、それは、何も意味しない。ただただ、その人の私的な領域での独り芝居にすぎない。実際に何か有効なことが、そこでおこっているわけではない。

さて、つぎの節で、ウィトゲンシュタインは、このようにいう。

思いだしておこう。まず誰かが、ある単語を理解せず、その単語がその人にとって何の意味ももたず、その単語をどう使えばいいのか見当がつかないとき、そういう場合には、振舞という、ある種の基準がある。つぎにその人が、その単語を「理解していると思って」いて、ある意味をそれに結びつけているのだが、それがまちがった意味であるときにも、そう判断する基準がある。最後にその人が、その単語をちゃんと理解しているときにも、そう判断する基準がある。二番目の場合は、主観的な理解であると考えられるだろう。ほかの誰も理解しないのに、わたしだけが「理解しているように思える」音声は、「私的言語」と呼べるかも知れない。(269)

私的な領域においては、そのなかで、どれほど異なったもの(ちがう記憶など)であっても、何かが何かを正当化する(何かが何かの正しさを証明する)ことはできないとウィトゲンシュタインは、いくつかの例で説明してきた。さらに、この節では、それらの考察を受けて、改めて「私的言語」の定義のようなことをする。ゆっくり見ていこう。

ここでウィトゲンシュタインは、「ことばを理解している、していない」ということについて、振舞が基準になる三つのパターンをだしている。まったく理解してない場合、まちがって理解している場合、ちゃんと理解している場合の三つだ。

まず、最初の場合を考えてみよう。誰かが、あることばをまったく理解していないとしよう。たとえば、「ニールス・ボーア」という人名について、何の知識ももっていない人に対して、「いやぁ、実はわたしの誕生日は、ニールス・ボーアと同じなんですよ」といったとしても、その人は、キョトンとしてとくに反応はないだろう。この「キョトンとしてとくに反応がない」という振舞によって、その人が、「ニールス・ボーア」という名詞を知らなかった。つまり、「ニールス・ボーア」という語が何（誰）を意味するのかわかっていなかったということが判明する。

つぎは、「理解していると思っている」場合。これもまた、「ニールス・ボーア」という語を理解していると思いこんでいる場合を考えてみよう。あたしがある人に向かって、同じように「いやぁ、実はわたしの誕生日は、ニールス・ボーアと同じなんですよ」というと、相手は、「え〜、すごいですねぇ、じゃ、12月5日生まれなんですね」という。わたしは、「いや、10月7日生まれです」と答える。このやりとりで、この人は、「ニールス・ボーア」という名前を正確に理解していないことがわかるだろう（もう一つの可能性として、ニールス・ボーアは知っているが、その誕生日をまちがって記憶していたという可能性もあるが、今回はこちらの方は考えない）。よくよく聞いてみると、この人は、「ニールス・ボーア」という名前で、「ハイゼンベルク」のことを頭に浮かべていたことがわかる。

最後に理解している場合は、つぎのような会話になるだろう。「いやぁ、わたしの誕生日は、ニールス・ボーアと同じなんですよ」というと、相手が「10月7日生まれですね。プーチンとも同じですね。何がすごいのかは、うまくいえないけれども、とにかく、何だかすごいですねぇ」と会話はつづいていく。こういう会話から物理学の話題に移っていく。こうして、会話の内容や表情や振舞で、相手が「ニールス・ボーア」という語を正しく理解しているかどうかが判断できるだろう。

このようにして、はっきりと誰にでもわかる振舞や表情、発言によって、ある語を理解しているのか、まったく理解していないのか、理解していると思いこんでいるだけなのかがわかるのである。

そして、ウィトゲンタインによれば、第二の場合、「主観的な理解」について語ることができるといっている。さらに「ほかの誰にもわからないのに、わたしだけが「わかっているように思える」音声」を「私的言語」と呼ぶことができるという。いま述べた例でいえば、「ニールス・ボーア」という音声を「ハイゼンベルク」のつもりでいうとき、それが「私的言語」ということになるだろう。

つまり、こういうことだ。その勘違いしている人は、いつも「ニールス・ボーア」という語を発するとき、〈ハイゼンベルク〉のことを考えている。一九二七年に不確定性原理を発見した偉大なドイツの物理学者だと思っている。

この人が、「ニールス・ボーア」というとき、周りの人たちは、いずれもデンマーク生まれのサッカー好きの物理学者だと受けとっているが、しかし、当の本人だけは、まったく異なる意味で用いている。このことによって、「ニールス・ボーア」は、誰にも理解できない「私的言語」になっているというわけだ。

ただ、「ニールス・ボーア」と公の場で発言すれば、誰もが、ニールス・ボーアのことだと思うので、この「私的言語」は、この「私的言語」だけがもつ意味で流通することは、決してないだろう。〈ハイゼンベルク〉のことを意味する「ニールス・ボーア」という語は、どこにも存在しないし、コミュニケーションの場でみんなが使うことはありえないからだ。

本人がそう思いこんでいるだけでは、その「私的言語」は、言語の場には登場しない。登場したとしても、たちどころに「私的言語」ではなくなってしまう。「ニールス・ボーア」は、誰もが知っている「ニールス・ボーア」でしかない。その人の勘違いが、ほかの人たちにあきらかになるまでは、とくに問題なく会話はつづいていくだろう。言語ゲームは、とくに滞らずつづいていく。内面は、絶対に言語ゲームの場には登場しないからだ。

だから、「私的言語」は、「私的言語」として、言語ゲームのなかで流通することは決してない。流通しているときは、かならず「公的言語」なのである。言語ゲームにおいて絶対にあらわれることのない、このような言語を、ウィトゲンシュタインは「私的言語」と呼ぶのである。「私的」なものと言語との関係は、「痛み」という現象において、さらにはっきりわかってくる。

第271節で、ウィトゲンシュタインは、つぎのようにいう。

「こういう人を想像してほしい。「痛み」という単語が何を意味しているのか覚えておくことができないので、――いつも別のものを「痛み」と呼んでいるのだけれど、――しかし「痛み」という単語の方は、痛みにふつうともなう徴候や前提と一致させて使っている」――とすると、その人は、「痛み」という単語をわたしたちみんなと同じように使っているわけだ。ここでわた

しはいっておきたい。回すことができるけれど、機械のほかの部分を動かさない車輪は、機械の一部ではない。(271)

ここでは、とても面白い人が登場する。その人は、〈痛み〉という語を、ほかの人が使うのとまったく同じように使っている。しかし実は、その語が何を意味しているのか記憶できない。いつも、〈痛み〉ではないものを「痛み」と呼んでいる。ただ、なぜか、ほかの人の「痛み」という語の使い方と外面上はまったく変わらない。ほかの人が痛みを感じるときに、「痛み」という語を使うように、その人も使っているというわけだ。

もし、このような人がいるとすれば、その人は、わたしたちと同じ生活の場にいても、何の違和感もないし、誰一人として、その人が〈痛み〉が何を意味しているのか、実はわかっていないとは思わないだろう。だって、われわれと同じように、その人が痛いのではないかと思われるときに、「痛い」というのだから気づくはずがない。

この人が使っている「痛み」という語は、機械のなかで、ほかのものも同じように動く車輪なのだ。もし、ほかのものが動かなければ、それは、「私的言語」が公にあらわれたことになり、言語活動をとめてしまうことになるだろう。痛みがどこにもないときに（美味しい食事を口にしたときなど）「痛い」と大声で叫べば、その場は一瞬凍りつくだろう。そのような使い方をすれば、機械全体

（言語のやりとり、生活の場）が動かなくなってしまうというわけだ。
つぎの節を見てみよう。

> 私的な体験についての本質的なことは、本来、誰もが独自のサンプルをもっているという点ではなく、ほかの人もこれをもっているのか、別のものをもっているのか、誰にもわからないという点である。だから、赤にかんして人類の人々はある感覚をもっていて、また別の人々は別の感覚をもっているという想定は——検証できないけれど——可能だろう。（272）

ここでは、「自他の非対称」というあり方を、ひじょうにわかりやすく説明しているといえるだろう。ここで否定しているのは、「誰もが独自のサンプルをもっている」ということだ。なぜ、このことが、否定されるのかというと、そもそも「誰もが」ということのできる地点に誰一人としてたつことはできないからである。「誰もが独自のサンプルをもっている」ということがいえるためには、すべての人から離れ、かつ、それぞれの人のサンプルを同じように見ることができるのでなければならない。

ウィトゲンシュタインが否定したいのは、そのようなすべての人の内面を外側から等しく見ることができる地点になど、どんな人間もたてないということだ。他人の内側のことなど誰にも決してわからない。だから、自分の内側と他人の内側とを比べることなど土台無理な話なのだ。

自分のことしかわからない。だから、自分と他人とは、まったく異なったあり方をしている。あるいは、極端な言い方をすれば、自分しか存在しないのだから、他人が自分と同じ感覚をもっているのか、異なる感覚なのか、などは思いもよらない。そもそも、そのようなことから、〈わたし〉は、まったく隔絶されているのである。

だから、他人と自分との感覚がまったく異なるかも知れないということを、わたし自身の立場から想定することは充分可能だということになる。決して検証などは、思いもおよばないけれども。しかし、これは、よく考えるととても恐ろしいことではある。つきつめると、わたしは、絶望的な孤独のうちにいることになるからだ。

さて、このような「自」(わたし)と「他」(他人)との絶対的な非対称(わたしの絶望的孤絶)を出発点にすれば、言語はどのようなものになるのだろうか。

四、二つの側面のある語（第273節、274節）

第273節を見てみよう。

「赤い」という単語はどうだろうか。——この単語は〈わたしたちみんなに向かいあってい る〉ものをあらわしていて、本来はこの単語のほかに、自分なりの赤の感覚をあらわす単語を誰もがもっているはずだと、いうべきなのか。それとも「赤い」という単語は、わたしたちが共通して知っているものをあらわしているだけでなく、誰にとっても自分だけが知っているものをあらわしているのだろうか。（いや、自分だけが知っているものを指示している、という方がいいかも知れない）（273）

ウィトゲンシュタインは、「赤い」という誰もが使う語について、個々人が私的にもっている〈赤〉（私的なものを仮に〈 〉であらわす）とどうかかわるのかを考えていく。前の節で、この〈赤〉は、自分のものしかわからないので、ここで、「誰もが」という言い方自体、おかしいのだが、それは不問にふそう。

「赤い」という公的で誰でも使う語が、〈わたしたちみんなに向かいあっているもの〉をあらわしているという。「赤い」という語で、日本語を母語とする者全員が共通してもつものをあらわしているということだろう。もちろん、それがどんな事態なのか、そもそもそんなことが可能なのかについてはウィトゲンシュタインは触れない。「赤い」という公共のものが、他人には決してわからない〈私的〉なものと対峙しているわけではないのだから。そしてもし、自分固有の〈私的〉なものをあらわしたいのであれば、そのような公《おおやけ》の語とはちがったそれぞれ固有の別の語をもつべきだ、といった方がいいのか、というわけだ。

あるいは、「赤い」という語は、われわれが共通に認知しているものをあらわしており、同時に実は、それぞれ独自の〈それ〉をもあらわしている、ということなのか、という。つまり、「赤い」という語だけで、公のものと私的なものを同時にあらわしているのか、というわけだ。

こういうことだろう。たしかに、われわれは、「赤い」について、何かしら共通のものを認知してはいる。それが、どのようなものかはわからないが（われわれが一人一人孤絶したあり方をしているので）、しかし、「赤い」という語であらわされるのだから、何かしら共通に認知しているものがあるはずだ。赤を見るすべての人にとっての認知の共通の基盤のようなものがあるのではないか。しかし、それだけが赤の認知ではない。そのうえで、各人それぞれが認知している独自のものがある。その独自のものまでも、この「赤い」という語はあらわしている。つまり、「赤い」という語には、二つの側面があるというわけだ。いわば表面では、多くの人が共有している「赤い」という側面をあらわし、同時に裏面では、それぞれの人が認知している〈赤〉を指しているというのだ。だが、このようなことが、果たして可能なのか。

さらにこの問題を、第274節でも考えていく。

> 私的なものを「あらわしている」という代わりに私的なものを「指示している」といっても、もちろん「赤い」という語の働きを把握する役にはまったくたたない。けれどもその方が、哲学するときには、ある体験を心理的にもっとうまく表現したものになる。その単語を口にするとき、あたかも自分の感覚を横目で見るようなものだ。いわば、「わたしはこの語で何を意味しているのか、もうわかってるんだ」と自分にいって聞かせるために。(274)

この節では、第273節でウィトゲンシュタインがいおうとしていたことが具体的にわかるだろう。「赤い」という語は、わたしたちの内的な体験と関係をもっているわけではない。「赤い」という語を使えるようになった経緯からも、「赤い」という語を使っている実際の場面を考えても、内的な経験とかかわっているわけではない。

「赤い」という語は、それを使っている場面に、誰もが小さいころから何度もであうことにより、その使い方を学んできた。いま実際に使う際にも、いちいち自分自身の〈赤〉そのものの感覚をたしかめながら、使っているわけではないだろう。たしかに、赤信号を見ながら「信号が赤だ」という（思う）ことはあるだろうが、その場合も、「信号の〈赤〉そのもの」という自分の内側の感覚に焦点をあてているわけではない。信号の存在や通行人の存在、自動車に乗っている経験など、その信号の赤が登場している場面や出来事と一緒に、「赤」という語を使っているにすぎない。

もちろん、赤い色を知覚している経験がなければ「信号が赤だ」とはいわない。しかし、その知覚が、そのまま「赤」という語に一対一で対応しているというわけではない。赤色の知覚は、経験のなかの多くの要素の一つにすぎない。もちろん赤の知覚経験がない場合でも、「赤」という語は使うだろう。「色には、赤や青や黄色がありますよね。どの色が好きですか」といった質問をするときには、「赤」という語が発せられるが、赤の知覚経験はそこに登場してはいない。たんにその語を口にだしているにすぎない。

だから、ここでウィトゲンシュタインがいっているのは、「赤い」という語の働きを理解するのに、赤の私的な感覚を「あらわしている」（bezeichnen）という代わりに「指示している＝関係している」（sich beziehen）といったからといって何かが変わるわけではないということだ。そもそも、私的な感覚と「赤」という語は、それほど深くかかわってはいないのだから。

ところが、哲学する場合はそうではない、とウィトゲンシュタインはいう。ここでいう「哲学」は、もちろん、いい意味の「哲学」ではない。ウィトゲンシュタインが攻撃する方の「哲学」である。それでは、この場合の哲学は、どういう点がいけないのだろうか。

ここで批判されている哲学は、ある単語があれば、かならずそれに対応する対象が存在すると考えるやり方だ。語とそれが指示する対象との一対一対応を前提するような考え方である。だから、「赤い」という語が登場するのであれば、それに見合った経験なり感覚がなければならないと考えるのだ。

そうすると、「bezeichnen」よりも、「sich beziehen」の方が、「赤」と赤の感覚との結びつきが強調され、どちらかといえば、〈赤〉の感覚があるからこそ「赤い」という語が使われている（存在している）、という方向性（〈赤〉の感覚から「赤い」という語へ）に目が向けられるということだろう。「意味している」（meinen）ことが、つまり、その対象を根拠にした結びつきが（「何を意味しているか、もうわかっている」「横目で見る」）、そこにはあるということになる。しかし、このような考え方は、ウィトゲンシュタインが考える言語観とは、まったく逆だ。ウィトゲンシュタインは、語の使用の現場から出発するのであり、その使用が、〈何か〉（感覚や私的体験など）に支えられているなどということは、あまり重要ではない（無関係）と考えているのだから。

五、装置としての言語（第275節、第277節〜第279節）

つぎの第275節を見れば、いま述べたことは、さらにはっきりするだろう。

> 空の青を見て、「なんて青いんだろう、空は！」と自分にいってみよ。――あなたが――哲学しようなどと思わずに――自然にそういうとき、この色の印象は自分だけのものだ、といった考えは、思い浮かばない。ためらわずにその声をほかの人にも向ける。そのことばで何かが指されているなら、それは空だ。つまり、自分自身のなかを指しているという感じは、〈私的言語〉のことを考えるとき、しばしば〈感覚を名ざす〉ことにつきものなのだが、その感じをあなたはもっていないのである。また、色を指すとき、そもそも手ではなく、色に注意を向けるだけだともあなたは思わない。（「注意を向けることによって何かを指す」とはどういうことなのか、考えてみてほしい）(275)

ここでも「哲学」がでてくる。ここでいう「哲学」は、前節にでてきたものと同じだと考えていいだろう。「赤」や「青」という語には、それに対応する内的な経験があるはずだ、と想定するような哲学だ。通常わたしたちが、「なんて青いんだろう、空は！」と自然に口にするとき、青という色の印象が自分だけのものだなどと考えているわけではない。

「青い」という語を発したとき、それに対応する対象（〈青〉の私的印象）が存在するはずだなどと考えることはない。この文が何かを指していると、あえていうのであれば、これは、漠然と「空」が指されているというだろう。もちろん、それは、「空」を見たときのこちら側の私的印象（〈空〉という感覚与件）などではない。たんに「空」である。

誰かが空を見上げて指さしながら、「青いねぇ」というとき、われわれは誰一人として、その人の手や指に注意を向けたりはしない。それにあえて、色そのもの（空の青さそのもの）に注意を向けているのだなどとも改めて考えたりはしない。そのような仕種をするとき、わたしたちは、自然に「空の青さ」に目を向け、「あっ、ほんとだ、青いねぇ」と答えるだけだろう。そのとき、それぞれの内側の青の感覚に注意を向けている人などいない。空を見て青いといっているだけだ。「空が青い」のだ。

このような場面で、自分のなかの感覚印象の青さが、問題になっているわけではない。この一連の日常の出来事こそが、言語のやりとりの本当の姿なのである。ところが、この出来事を深く分析して、空の青を見ているとき、われわれのなかの青の私的体験を「青い」という語は指していて、その「青い」の〈青さそのもの〉は、などといいだすと（つまり、「哲学」を始めると）、さまざまな錯誤が生じるとウィトゲンシュタインはいいたいのだ。

さらに、第277節では、つぎのようにいう。

> ところで、あるときは一つの単語で、みんなが知っている色を意味している（meinen）と思いたくなり――またあるときは、わたしがいま受けている〈視覚印象〉を意味していると思いたくなるのだが、そういうことはそもそもどのようにして可能なのか。この場合、片方だけとしても、どうしてそう思いたくなるのだろうか。――二つのケースでわたしは色に同じ注意を向けてはいない。わたしがわたし自身の色の印象のことを考えている（といいたいのだが）とき、わたしはその色に没頭している。――ほとんどそれは、ある色をわたしが〈見あきることがない〉かのように。だから、鮮やかな色とか、印象的に組み合わされた色とかを見るときの方が、こういう経験をしやすい。（277）

ここでまた、ウィトゲンシュタインは、一つの語の二つの側面について語る。「みんなが知っている色」と一人一人の「視覚印象」の二つを、一つの語が意味している（meinen）と思いたくなるという。しかもこれは「そう思いたくなる」（誘惑 Versuchung）のだ。

一つの語で（たとえば「青」で）、「誰もが知っている青」と、自分の感覚印象である〈青〉とを意味していると考えてしまう。ここには、二つの問題があるだろう。一つは、「青」という語が、二つの意味をもつのかという問題と、そもそも「意味している」（meinen）というのは、どういうことなのかという問題だ。

事態を整理してみよう。まずは、空が青い。これは一つの事態だ。そして「青」「青い」という語がある。われわれは、日本語の「青」「青い」という語を生まれてからいままで、多くの機会で使うことにより習得した。このような経験を積むことで、われわれは、空を見て「空が青い」と口にすることができる。そのとき何がおきているのかということだ。

ここでだしているウィトゲンシュタインの仮説は、「青い」というとき、「みんなが知っている色」を意味していると思いたくなるというものである。つまり、空を見ながら、「青い」といったとき、「みんなが知っている青という色」を「意味している」というわけだ。これは、いったいどういうことだろうか。「青」という語は、そのときの空の青ではなく、「みんなが知っている青」を意味している。それは、「青」という語が誰もが共有し誰もが使う語だから、その共有し誰もが使う「共通の色」のようなものを意味することになるということだろう。だから、そのときの空の青（そのときにしかあらわれない唯一無二の〈それ〉）とはかかわりがない。

あるいは、もう一つのケース。それは、自分自身がもっている「視覚印象」を意味するというものだ。空の青を見ているとき、自分だけがその青から受ける私的印象を「青い」といっているというのだ。これは、先のケースとはあきらかに異なる。では、どのような事態なのか。「青い」という語は、自分だけの印象を意味しているのであれば、この「青い」という語を、ほかの人が使うことはできなくなる。

唯一無二のそのときの、その人が空を見たときの〈青〉の印象なのだから。それは、何ものにもかえがたい〈青〉であり、「青」「青い」という語でありながら、もはや、本来の言語としての働きはできなくなるだろう。何といっても、ことばは、その言語を使うすべての人が、あらゆる場合に同じように使えるものだからだ。

このように考えると、「みんなが知っている色」を意味する場合でも、自分だけの「視覚印象」を意味する場合でも、空の青を「青い」と表現する事態をうまく説明できていない。それでは、そもそも「意味する」(meinen)とは、どういうことだろうか。これもまた、大きな問題だろう。

この二つのケースはいずれも、「青い」といったとき、その語によって、「何か」を「意味している」(meinen)という。それぞれ意味する対象は異なるが、本当にそんなことをしているのだろうか、とウィトゲンシュタインはいう。たとえば、ここでウィトゲンシュタインがだしているように、自分自身の色の印象のことを考える場合はどうだろうか。たとえば、フェルメールの〈青〉、つまり、青いターバンの〈青〉を凝視するとき、「青」という語がそこに入りこむだろうか。ただただフェルメールの〈青〉そのものが、「フェルメール」や「青」や「ターバン」という語とは、一切かかわりなく、まっすぐこちらに突きささってくるだろう。

このような状態で、「意味する」といった事態はおこってはいない、とウィトゲンシュタインはいいたいのだ。「青」という語は、そのような事態とは、まったくかかわりのないところにある。その唯一の事態に、「青」という語は入りこむことができない。

最終的にここで、ウィトゲンシュタインがいいたいのは、「青」や「青い」という語は、何かを意味しているような印象をわれわれに与えるけれども、そんなことは、実際にはおこっていないということだろう。意味する対象が「多くの人が共有する色」だとしても、〈個々人のもつ私的印象〉だとしても同じことだ。語は、何か（語自身とは異なるもの）を意味している（meinen）わけではない。

第278節を見てみよう。

> 「緑色がわたしにどんなふうに見えるのか、わたしにはわかっている。」――まあ、この発言には意味がある。――たしかにそうだが、その文をどのように使おうと、あなたは考えているのか。（278）

ここでは、私的印象を意味するということが、どういうことであるかとわかりやすく説明している。ここで引用している文（「緑色がわたしにどんなふうに見えるのか、わたしにはわかっている」）は、ウィトゲンシュタインがしばしば指摘する経験命題のふりをした文法命題だ。

この文は、「棒には長さがある」といった文と同じように、経験的にたしかめることができないあたり前すぎる文である。その逆が考えられない文、つまり文法命題なのである。この文は、いわば情報量がまったくなく、経験的にたしかめることなどできない。ただ、たしかに意味はあるだろう。いっていることは、わかるという意味で。

しかし、ウィトゲンシュタインは、この文をどこで使うのだと訊く。この文は、あたり前すぎて何もいっていないに等しい。日常の会話では登場しないし、もし誰かがこういう発言をしたら、その人の精神状態を周りの人は心配するだろう。

この文は、われわれの言語ゲームの基底にある命題であり、決して疑うことのできないものである。最後の手稿である『確実性の問題』のなかで、「蝶番《ちょうつがい》命題」と呼んだものの一種だといえるだろう。わたしたちの言語ゲームを支える岩盤のようなものだ。

そして、この文と同様の文を、第279節でウィトゲンシュタインはさらに挙げている。

「自分の身長くらい知っているよ」といいながら、そのしるしとして手を頭のてっぺんにおく

人を想像してほしい。（279）

自分の身長がどのくらいか、ほかの人と比較したり、共通の基準であるメートルやセンチメートルを使って表現するのではなく、自分自身の手で測定しようとする人、この人もまた、周りの人を不安に陥れるだろう。

そして、この二つの例によってウィトゲンシュタインがいいたいのは、言語というのは、身長を測定する器具のように、多くの人によって使われることによって、それぞれの人間が集団のなかの活動に参加できるようになる装置だということだろう。それぞれの人間の身長（自分自身の色の感覚）を、その器具（言語）によって測定する（表現する）ことは可能だ。そのこと（測定・表現）によって、ほかの人間の身長（色の感覚）との比較が可能になる。

ただそれは、あくまでも身長の基準（m、㎝）や、言語のなかの単語（たとえば「色」「赤」「青」など）が先にあって可能になるのであって、自らの私的体験をその基準や語によって意味しているわけではない。私的体験が先にあって基準や語ができたわけではない。逆だ。

最初からそのような語が共同体のなかで使われていたのであり、そのようなゲームのなかに、われわれはあとから入ってきて、そのゲームのなかで誰もが使っていた語を、ほかの人の真似をしながら使うようになっただけなのである。それぞれの人の内的な体験が、それらの言語にどのようにかかわっているかといったことを誰かに教わったわけではない。そもそも内的な体験を、みんなでたしかめる術などない。このことは、言語を使っている者であれば、誰もが知っていることだろう。これが、われわれの言語習得のプロセスであり、言語ゲームの実態なのだ。

column AIとウィトゲンシュタイン

ウィトゲンシュタインは、さまざまな考察の途中で、よくチェスの例をだす。そのことを意識していたのかどうかはわからないが、廣松渉という日本の思想家は、この哲学者に、どうしても将棋を教えたかったそうだ。つぎのようにいっていた。

ウィトゲンシュタインには日本将棋を教えたかった。囲碁ではだめだ。チェスやマージャンでも面白くない。彼に習わせるなら是が非でも将棋でなければならない。(『廣松渉哲学小品集』岩波書店)

その理由は、ウィトゲンシュタインは、ほかの哲学者とは大きく異なり、せいぜい規則を整理し直す程度で、ゲームそのもののパラダイムを変えようなどとは決して考えないから、ということらしい。面倒な御託を並べずに、将棋を素直に指し始めるだろうということだ。たしかにこれは、ウィトゲンシュタイン哲学の本質を射抜いている。

彼のいう「哲学」は、われわれの日常を「説明」するのではなく、「記述」するものだ。仮説をたててそれなりの「説明」をするのではなく、絶えずおこなわれている言語ゲームの現場にいて、みずからも参加しているゲームを逐一「記述」していく。それが、彼の方法である。このような態度を貫くウィトゲンシュタインであれば、たしかに四の五のいわずに将棋を指し始めるだろう。指しながら徹底的に哲学をするにちがいない。

実際に将棋を指したとしたら、ウィトゲンシュタインがどんな棋風であったかは、興味ぶかいところだけれども、ここでは、別の観点から、ウィトゲンシュタインと将棋について考えてみよう、

その年一年間に指された将棋のプロ棋士の全棋譜が収録されている『将棋年鑑』（平成三〇年版、日本将棋連盟）という大部の書物がある。この本は、棋譜もさることながら、棋士全員のアンケートも実に面白い。その質問項目の一つに「世の中で一番怖いものはなんですか？」というものがあった。多くの棋士は、「高い所、闇、ジェットコースター、虫、地震、妻」といった誰でも予想できる答を書いているのに対して、羽生善治は「常識」と答えている。（538

頁）これは、いったいどういう意味なのだろうか。羽生は、「常識」が世の中で最も怖いらしい。

将棋がゲームとして成立するためには、不可疑の基盤がなければならない。それは、もちろんルールだろう。ルールがなければ、複数の人間が、同じゲームをすることはできない。このルールは、多くの人たちによって形成されたものだから（インド発祥のチャトランガというゲームが、世界中に広まり、チェスになったり将棋になったりしたといわれている）、まさにウィトゲンシュタインが『確実性の問題』で提示した「蝶番命題」のようなものだろう。「蝶番命題」とは、「わたしには手がある」「地球は、何万年も前から存在していた」などの疑うことのできない命題のことだ。こうした「蝶番命題」と同じような役割をしているルールがなければ、将棋は指せないし、そのルールを疑う将棋指しはいない。将棋を指している最中にルールを確認したり疑ったりする人など、どこにもいないだろう。

そして、そのルールにもとづいて、「定跡」とその枝葉にわたるこまかい変化があり、あるいは、部分的な手筋や寄りの構図なども存在している。プロ棋士であれば（もちろん、アマチュアでも強い人であれば）、これらを当然のこととして共有している。これが、将棋界の、そして羽生のいう「常識」だ。

将棋が強くなるためには、「定跡」を学ばなければならない。まず将棋というゲームの「常識」に染まらなければ、他人と対等に戦うことはできない。しかし、この「定跡」は、その時代時代の特定の考え方の総体であり、ある種の先入見としてすべての棋士に強く作用する。その時代の将棋の「パラダイム」のようなものとして棋界全体を拘束するのだ。ハンソンのいう「理論負荷性」(特定の背景知識や理論によって、われわれは対象を知覚する)のように、「定跡」を通してしか盤面を見ることができなくなる。記憶力の化け物であるプロ棋士も、初心者の定跡から外れた棋譜を覚えるのは、とても難しいらしい。ある程度のレベルにあれば誰もがもつ共通の土俵にない将棋だからだろう。

したがって逆に、その時代の定跡とその変化だけを知悉《ちしつ》していたとしても、他人に勝つのは容易ではない。誰もがもつ「常識」のなかで、みなが同じような思考をしているからだ。羽生が一番恐れている「常識」とは、このような先入見のことだろう。「理論負荷的」状況でしか盤面を見ることができなくなる恐怖を表明したのだ。何といっても、他の棋士がだれも気づかない手を指す「羽生マジック」というのは、羽生善治だけが、この「常識」の埒外にいたから可能だったのだから。

しかし現在、この「常識」にまったくとらわれない一群のものたちがあらわれた。ＡＩである。二〇一三年プロ棋士に初めて勝った将棋ソフトponanzaは、二〇一七年、ついに名人佐藤天彦にも二連勝した。ほかにも同じくらい強いソフトはいくらでも存在する。いまでは（二〇二二年現在）、「水匠2」（あるいは、「水匠3」）という最強ソフトが存在している。もはや人類は、将棋ではＡＩにはかなわない。残念ながら、ときどきＡＩを超える手を指すといわれている天才・藤井聡太でもかなわないだろう。しかし、なぜこれほどまでに将棋ソフトは強いのだろうか。

ソフトが人間とはっきり異なるのは、「点の思考」をするところである。人間は、初手からの一連の手順を、一つの意味のつながりとして指していく（「線の思考」）。「定跡」を背景に勝利を目的とした自分なりの「物語」を構築するのだ。ある構想をもち、自らが小さいころから培ってきた「大局観」にもとづき「意味のある手」を指していく。

しかし、ＡＩは、そのつどの局面で、その局面だけの最善手を見つけるだけだ。初手からの構想もなく、それ以前の手とのつながりも一切考慮しない。そのつどの瞬間的な局面だけで手を決める。その局面の一手だけの評価値が、そのつどつぎの手を決めてくれる。この「点の思考」に人類はかなわない。

「定跡」(常識)がなければ強くなれない人間とは、まったく異なる思考をしているものたちなのだ。もしかしたら、羽生善治は、このことを最も深く理解し、「常識」に恐怖を抱いているのかも知れない。「常識」をもたざるをえない人間は、それを必要としないAIには、原理的に勝てない。そう考えれば、二〇一三年から二〇一七年にかけておこなわれた電王戦で、「常識家」のプロ棋士たちが、「非常識」な将棋ソフトにつぎつぎと敗れ去ったのは、仕方のないことだったのかも知れない。

さて、ウィトゲンシュタインはどうだろう。『論理哲学論考』で一つの堅固な世界観を創りあげ、後期では、それを徹底的に批判した。こなごなに破壊したといえるかも知れない。その矛先は、自らの若いころの考えだけではなく、多くの既成の先入見にも向けられた。

わたしたちは、さまざまな「世界観」をもつ。二一世紀の自然科学的「世界観」、自分が属す共同体の「世界観」、母語によって規定される「世界観」など。これらの生きる基盤ともいえる「世界観」をもつことによって、われわれ

column

AIとウィトゲンシュタイン

は、ある意味で世界に安住できる。羽生のいう「常識」と同じだ。

しかし、ウィトゲンシュタインの場合は、こうした世界観を認めない。われわれが知らないうちにどっぷりつかっている、そういう世界観（既成の考え方）をつぶさに吟味していく。それが、ウィトゲンシュタインのやり方なのだ。そのなかでも、われわれの思考や行動を誤った方向に導く、言語による先入観（「文法による錯覚」）に、最大限の注意を払う。「語の文法」のさまざまな様相に、じっと目を凝らす。

ＡＩには、「世界観」がない。ＡＩは、そのつどの局面での最善手を、前後の流れからバッサリ切りはなして見つけだす。人間であれば、初手から最終盤まで、一つのストーリーをつくるのに対して、ＡＩは、そんな余計なことはしない。現局面がすべてであり、その最善手だけを探索するのだ。

このように考えると、ウィトゲンシュタインもまた、ＡＩにとても似ているのではないか。彼以前の哲学者（あるいは、前期の彼自身）は、理論によって統一的な説明を与えようと躍起になってきた。一つのストーリー（理論）をつくって、それをもとに、多様な世界を解明しようとした。しかしウィトゲンシュタインは、そんなことには目もくれず、日々の生活の一つひとつの局面をつぶさにチェックしていく。毎日の瞬間瞬間の局面に着目する。ウィトゲンシュタインは、あくまでも個別の「生活のあり方＝言語ゲーム」の現場を詳細に吟味することに没頭しているだけなのだ。まさにＡＩのように。

第四章
痛みについて

一、内側と外側（第281節）

ふたたび〈痛み〉の議論に戻ってくる。内的であると同時に外的でもある〈痛み〉は、ウィトゲンシュタインの議論にとって格好の材料なのだ。第281節を見てみよう。

「しかしあなたがいっていることは、たとえば、痛みの振舞がなければ、痛みは存在しない、ということにならないか。」——だとすると、「感覚がある」とか、「見ている」とか、「目が見えない」とか、「聞いている」とか、「耳が聞こえない」とか、「意識がある」とか、「意識がない」といえるのは、生きている人間か、生きている人間に似ている（似たような振舞をする）ものに限定されることになってしまう。（281）

痛みは、その内的な経験とともに、外的な振舞ももつ。もちろん、痛みがあったとしても、それほどでなければ振舞としてはあらわれない場合もあるだろう。ただある程度の痛みであれば、この現象は、内側と外側の二側面をもつ。とても特異な現象だといえるだろう。痛ければ、ほとんどの場合、何かの振舞なり表情なり、場合によっては、ことばなりが外側にあらわれるからだ。

だからウィトゲンシュタインは、私的言語（私的な経験をあらわす言語）にかんする議論において、痛みの例を多用するのである。痛みは、私的言語を議論する際に、最も問題の本質を指摘しやすい現象だからである。「私的」（内側）と「言語」（外側）という二つの側面の関係に着目するのに、「痛み」は、とても的を射た出来事なのだ。

これまでの議論は、「赤」や「青」といった語が、多くの人が共有している色という側面と、それぞれの人が唯一無二の経験をしている〈感覚印象〉という側面との二面をもっているのかどうか、ということだった。しかし、内的な印象については、それが言語である以上、どんな語も決して意味することはできないという結論になった。言語は、あくまでも言語ゲームにおいて流通する外的なものなのである。

それを痛みの現象にあてはめるとどうなるのか、というのが本節の議論だ。痛みは、内的な〈痛み〉が、直接「痛い！」といった語によって表現される。この「痛い！」という語は、誰もが経験している〈痛み〉を意味しているのではないか、というわけだ。「痛い！」という（誰もが確認できる）叫びと、内側の私的な〈痛み〉との関係は、どうなっているのか。

これまでのウィトゲンシュタインの議論からすれば、内的な印象を語が意味したり、指したりすることはないのだから、〈痛み〉そのものと「痛い！」という発語とは、断絶しているはずだ。そこで、（ウィトゲンシュタイン自身が想定した）相手が最初の質問をする。

「痛みの振舞がなければ、痛みは存在しない、ということにならないか」と問う。「痛い！」と叫んだり、苦悶の表情をしたりしなければ、〈痛み〉そのものは存在しないのだろうか、という質問だ。たしかに、ある種の痛みに襲われても、我慢して何事もなかったようなふりをすることはできるだろう。そのとき、痛みの存在を本人ではない周りの人間がどうやって証明するのか、ということだ。

振舞には一切あらわすことなく、〈痛み〉に襲われている人の周りにいる人間は、そのような場合、どう思うだろうか。〈痛み〉の存在を想定するのはたしかに難しい。痛みに襲われている当人が、それらしい振舞をしなければ、周りの人間には、決してわからないだろう。たしかにわからない。しかし、人間であれば、痛みの有無や痛みの振舞の有無にかかわらず、多くの人間らしい振舞をするだろう。痛みとは関係のない生活の場面で、その人の振舞や表情や発言を知っているのであれば、何くわぬ顔で痛みを我慢している場合、その人特有のメッセージを読みとることもあるかも知れない。だから、われわれは、自分と同じ振舞をする存在に対してだけ、「感覚」や「意識」をもっているということができるとウィトゲンシュタインはいう。わたしたちと同じような振舞をしなければ、〈感覚〉そのものや〈意識〉そのものへの手がかりが一切ないのだから、それらの存在（感覚や意識）について語ることはできないというわけだ。

このように考えれば、振舞がない場合には痛みは存在しないとはいえないだろう。自分たちと同じ振舞をする存在（生きている人間）について、その内面も想定することができるのだから、振舞なしの痛みの存在も想定できるのではないか、とウィトゲンシュタインは、ここで暗に示唆しているのだと思う。

痛いのに我慢している人の〈痛み〉については、ほかの人間には、まったくわからない。しかし、そのわからなさは、机や窓や植物の〈痛み〉についてのわからなさとは、まるでちがう。痛みの振舞がないからといって、我慢している人間と机や植物とが同じものだとは誰も思わない。痛みの振舞がなくても、人間と机や植物とでは、あきらかに異なるだろう。だから、生きた人間の振舞をする存在については、「痛みの振舞がなければ、痛みは存在しない」とは断言できないことになるだろう、というわけだ。

われわれの言語ゲームは、さまざまな振舞や態度、表情なども重要な要素になっている。言語ゲームとは、ことばのやりとりにかかわるすべての行為をもふくんだものだから、「痛みの振舞がない」場合であっても、その振舞のない存在が人間であれば、いろいろなケースを想定することができるだろうというのだ。

こうしたことを前提にして、ウィトゲンシュタインは、人間以外のもの（しかも無生物）の感覚について話し始める。

二、生き物や物の痛み（第283節）

第283節では、つぎのような思考実験をする。

生き物や物は、何かを感じることができるという考えだけでもどこからわれわれに生まれるのか。

わたしは自分のなかにある感じ（感覚・感情）に注目するよう教育されたために、そういうふうに考えるようになったのかも知れない。そして、それをいまわたしはわたし以外の対象に転用しているのか。わたしは（自分のなかに）、ほかの人たちのことばの使い方と矛盾しないで「痛み」と呼べるものがあることに気がついているのか。——わたしは、石や植物などに自分の考えを転用しているわけではない。（283）

ここで、ウィトゲンシュタインは、何をいっているのだろうか。人間と同じような振舞をするものにかんしてだけ、〈痛み〉の存在について議論することができる。人間であれば、痛みの振舞がなくとも、〈痛み〉の存在を推測することができるからだ。なぜなら、われわれと同じような振舞を日常的にしている存在だからだ。同じ言語ゲームの文脈を共有しているというわけである。これが、この節の直前までの議論だった。

しかし、われわれは、人間以外のものでも痛みをもつのではないかと考えることがある。それはなぜなのか、というのが、ここでの疑問だ。ウィトゲンシュタインは、自分（人間）以外の生き物（Wesen）や物（Gegenstände）が、「何かを感じることができる」という考えをわれわれが抱く理由をまず自問する。人間以外の生き物や物（無生物）の「感じ」（Gefühl）という語の文法について問うているわけだ。

そもそもウィトゲンシュタインによれば、われわれは、自分自身の痛みや感覚しかわからない。それは、「知る／知らない」以前の〈知る〉なのである。知らない可能性のない〈知る〉である。そういう意味で、他の存在（人間もふくめて）の内面に対しては、われわれはまったく隔絶している。決して知ることのない領域なのだ。つまり〈知る〉のいわば裏面である。ようするに自と他は、非対称なのである。

だが、相手が人間であれば、わたしと同じような振舞をするので、この「非対称的なあり方」を前提としながらも、〈痛み〉の存在を推測はできるだろう。われわれが、日常そうしているように。だが、そのような振舞を共有していない他の存在者は、どうなるのだろうか。ここでウィトゲンシュタインは、まったく振舞を異とするものにも、われわれが、「感覚」を帰属させるのは、なぜなのか、という問題を提示している。本来そのようなとりつく島のない他の存在の内面（感覚や痛み）を想定することは、なぜ可能なのかという問題である。

まず、ウィトゲンシュタインは、一つの仮説をたてる。われわれは、「感じ（感覚・感情）」に注目するような教育」をされたのだという。これは、いったいどういうことだろうか。たとえば、われわれは挨拶するとき、「最近お元気ですか？」と聞かれることがある。身体の状態を聞かれたところが判断すれば、わかりやすく「ちょっと入院してましてして……」とか「ここ2、3日風邪気味でして」などと答えることができる。実際の出来事を答えればいい。

ところが、この挨拶を、感情や精神的な状態についての問だと受けとると、答えるのにかなり苦労するだろう。質問されたとき、改めて自分自身の精神なり感情なりをたしかめなければならないからだ。「いや、最近落ちこんでいます」あるいは、「なんだか、とても楽しい日々をすごしています」などと、はっきり対象を特定できないままに、適切な答になるようなことばを探すことになる。ようするに、漠然とした曖昧な答しかできない。実際の出来事（入院や風邪）に比べて、精神や感情は実体がないからだ。

具体的で手にとれるような〈内面の状態〉などない。しかし、それにもかかわらずわたしたちは、しばしば「頭にきた」とか「感動した」などという。感情や精神状態をあらわす言い回しを、幼いころから使うようになる。「頭にくる」「感動する」という語が、どのような精神（感情）の状態を指すのかは一度も確認せず、これらのことばを覚え使えるようになるのだ。

さらに、このようなことばを何度も使ううちに、そのことばに見合う内的事態が、あたかも存在するかのように思ってしまう。〈純粋に頭にきている〉状態や〈感動そのもの〉が、それだけで存在しているかのように思いこむ。これが、ウィトゲンシュタインのいう「ある感情に注目するような教育」のことではないのか。そしてそのような教育の結果、「頭にくる」「感動する」といった感情が、もろもろの具体的でたしかめることのできる状態から離れ、それ自体で存在するかのように錯覚してしまうというわけである。

つまり、特定の〈感情〉だけを、その感情が埋もれているもろもろの事態（驚く仕種や悲しみの表情など）からとりだすことができると思ってしまうのだ。こうして、そのような文脈から切りとられた〈感情〉を、わたし以外の対象ももっていると前提し、さらに転用することが可能になるというわけだ。

もし、そのような感情は、人間だけが、あるいは、わたしだけが、特定の状況において、しかも、その状況から切り離せないようなあり方で感じるものだとすれば、そのように、純粋な感情だけを、現実の状況から切り離すことはできない。特定の文脈のなかでしか、感情や感覚はあらわれないのだから。だからさらにウィトゲンシュタインは、「わたしは（自分のなかに）、ほかの人たちのことばの使い方と矛盾しないで「痛み」と呼べるものがあることに気がついているのではないか」という。

直前の疑問文を否定して、わたし以外の対象に転用しているわけではないというのだ。つまり、ほかの人間（ことばを使っている者たち）も、同じように「痛み」ということばを使っていて、その使い方と齟齬をきたすことなく、わたしも「痛み」という語を使っている。そうなると、そのような他の人間とのことばのやりとりのなかでのみ、「痛み」と呼ばれるものを、自分ももっていると気づくのではないかというのだ。

このことによって、純粋に〈痛み〉なるものを、他の存在に転用したのではなく、他人との関係のなかで、その状況にふさわしい「痛み」という語の使用をわたしがしているだけなのではないか、ということになる。しかし、そうなると、やはり「痛み」（あるいは、「感情」など）は、ことばのやりとりに終始している人間だけのものだということになるだろう。だから、石や植物に転用することはできない。

さて、つぎにウィトゲンシュタインは、とても興味深い思考実験をする。わたしが激痛を感じながら、そのまま石になるというものだ。

わたしが激痛におそわれ、その痛みのまま石になってしまったと想像することはできないだろうか。そこで、もし目を閉じているなら、わたしが石になってしまったかどうか、どうやってわたしにわかるのだろう。——もしもそんなことになったら、どの程度その石は痛みを感じるのだろうか。どの程度まで石についてそのことがいえるのだろうか。その場合、そもそもなぜ痛みはその担い手をもつことになっているのだろうか。

そして石について、「石には心（魂）があり、その心（魂）が痛みを感じる」といえるのだろうか。心（魂）は石とどういう関係があるのか。痛みは石とどういう関係があるのか。（283）

「石や植物に転用しているわけではない」といっていた「石」にわたし自身が痛みを抱えたままなるというわけだ。この思考実験は、どういう意味なのか。痛みをもつ人間であるわたしが、その痛みそのものをとりだして自分以外の石に転用するわけではない。そうではなく、わたしが石になるのだから、この石はかならず激痛をもっている状態になるということだ。激しい痛みをもつ石がある。この場合、石はどうやって痛みをもつことができるのか。

その前に、そもそもわれわれ人間は、どうやって痛みをもつのだろうか。いくつかの条件が必要だろう。まず身体をもっているということ。痛みは、かならず特定の場所をもつ。どこかが痛いのだ。だから痛みが存在するためには、場所、つまり身体がなければならない。

しかし、身体だけでは、痛みは発生しない。たしかに痛みは、ある場所が損傷することによって生じるが、痛みを感じるのは、その場所（身体の部位）ではない。痛みを感じるのは、その身体と密接にかかわっている〈わたし〉だ。身体が痛いのではなく、〈わたし〉が痛いのである。

だから、わたしが完全に石になってしまうと、〈わたし〉、つまり痛みを感じる主体が問題になるだろう。〈わたし〉は、〈わたし〉のままで、石の「なかに」（？）いなければならない。振舞も表情もないのに、本当に〈わたし〉は、まだ存在しているのか？という問題なのである。

だから、「「石には心（魂）があり、その心（魂）が痛みを感じる」といえるのだろうか」という疑問を、ウィトゲンシュタインは提出する。やはり、完全に石になってしまうと、痛みを感じる当体も、それから痛みの振舞もなくなり、痛みは存在しなくなるのではないか、というわけだ。

ウィトゲンシュタインは、つぎに結論のようなことをいう。


人間のように振る舞うものについてだけ、痛みを感じているということができる。というのも、身体については、またお望みなら、身体がもっている心（魂）について、そういうにちがいないからだ。ではどのようにして身体は心（魂）をもつことができるのか。（283）

人間のような振舞をするものだけが、痛みを感じているということができるというのは、どういうことだろうか。ここで、ウィトゲンシュタインは、方向性を逆転しているといえるだろう。つまり、純粋な〈痛み〉なるものがあり、それを心が感じ、そのことによって身体が身もだえする、という方向ではなく、われわれが「痛み」という語を使い、その語を使う場面においては、表情や仕種、そしてことばによって、痛みを感じている状況を人は自然とつくりだすという方向だ。

そのような状況があるからこそ、われわれ人間は「痛み」をもつということができる。ウィトゲンシュタインの言い方をすれば、「痛み」の言語ゲームがあり、そこで、人間のもろもろの行為とともに、「痛み」という語が使われている、ということになるだろう。だからこそウィトゲンシュタインは、「そういうにちがいない」とmüssen（英語のmust）という助動詞を使う。われわれは、小さいころから言語ゲームに否応なく参加することで「教育され」、人間のように振る舞う存在については、その身体は痛みをもち、痛みを心（魂）が感じているという言い方を自然とするようになる。だから、痛みの振舞をする人が本当に〈痛み〉を感じているかどうかなど誰もいちいち検証したりはしない。言葉のやりとりがうまくいっていれば、生活が滞ることはないのだから。もちろん病院に行ったり、治療したりもするだろう。しかしそれもわれわれの「生活形式」の一環なのであり、内的なものをそのつど無理に前提する必要はない。そして最後の疑問文（「どのようにして身体は心（魂）をもつことができるのか」）に対しては、「そう見える振舞をすることによって。そしてその振舞をもとに身体が心をもつという言語ゲームをすることによって」とでも答えることになるだろう。

三、振舞と痛み（第284節）

振舞と痛みとの関係は、どのようなものなのか。振舞のまったくない石は、やはり、痛みとはかかわっていないのか。さらにウィトゲンシュタインは、この問題を、ちがった角度から探っていく。

> 石を見つめて石に感覚がある、と想像してみてほしい。――ここでわたしたちは自問する。物に感覚があるなどと、どうして考えついたのだろう。同様に数にも感覚があると考えることもできるのではないか。――それからつぎに、バタバタもがいているハエを眺めてみよ。するとたちまちこの難問は消えてしまい、痛みというものがここで手がかりをつかむことができるように思える。以前はすべてが痛みにとって、いわばツルツルだったのだが。（284）

石は、痛みの振舞からかなり遠い。われわれ人間が日ごろおこなう「痛み」にかんする言語ゲームは、石については一切おこなわない（おそらく）。数は、さらに遠いだろう。数が感覚と関係していることなど想像もつかない。1や7や3998が、〈痛み〉をもっていると考えることなど、まったく想像の埒外だ。

　すると、数や石と異なり、われわれの「痛み」のゲームに近いのは、どのような物なのか。そこでウィトゲンシュタインは、ハエを登場させる。『哲学探究』のなかでは、しばしばかなり重要な役柄を演じるハエである。『探究』のいわば裏主人公だ。物にかんするわれわれの分類でいえば、無生物（石）でもなく、抽象物（数）でもなく、われわれ人間と同じ生物である。常識からして、われわれ人間にかなり近い。

　ハエは、目の前でバタバタもがいている。どのような事情でバタバタもがいているのかは、わからない。ただ、飛んで逃げるわけでもなく、バタバタせずに静かにたたずんでいるわけでもない。おそらく誰かに攻撃されて、あるいは、想定外の出来事がおきてバタバタするしか手がない状態になっているのだろう。人間の振舞でいえば、「あたかも」痛みでもだえているように見えるのだ。

　このようにバタバタもがいているのを見ると、「痛みの手がかりをつかむ」とウィトゲンシュタインはいう。つまり、人間の痛みの振舞の境域と接点ができるというわけだ。たしかに、ハエが痛みで苦しんでいるのかどうかは、われわれには決してわからない。嬉しくてバタバタと（欣喜雀躍）しているだけかも知れない。

　しかし、このバタバタを人間の苦痛の表現と同じようなものと見ること（「あたかも」「かのように」といった言い方ができる事態）によって、このハエの振舞が、「痛みの言語ゲーム」のなかに入るきっかけとなるということだろう。人間の痛みの振舞と重なるというわけだ。

石や数では、われわれの痛みとの接点がどこにも見いだされなかった。たしかに思考実験として、石や数に〈痛み〉があると想定はできるだろう。だが、そのように想定したところで、われわれ人間と石や数とのあいだで、〈痛み〉を共有していると考えるのはかなり難しかった。つまり、共有していると見なすための手がかりさえなかった。「ツルツル」していて、とりつく島もなかったのだ。

ところが、こうしてハエがバタバタもがいているのを見ると、何かがわれわれを刺激して、〈痛み〉の共有の可能性が少しあらわれてくる。つまり、〈痛み〉の存在を予感できるような事態が眼前にあらわれるということだろう。そう考えると、われわれ人間の〈痛み〉も、やはりその振舞と深く関係していることが、はっきりと得心できるだろう、ということだ。人間に痛みの振舞がもしなければ、石や数と同じようになり、われわれが痛みを共有するのはかなり難しくなるということである。

さらにウィトゲンシュタインは、同じ人間でも生きているものと死体とのちがいに着目する。同じ人間でも、振舞の有無によって、はっきり区別される状態に焦点をあてるわけだ。

　するると死体も痛みをまったく感じないように思える。――生者に対するわたしたちの態度は死者に対する態度とはちがう。わたしたちの反応はすべて異なっているのだ。――「それは、生きたものがこういうふうに動き、死んだものは動かないからだとは簡単にはいえない」と誰かがいうなら、――わたしはその人にわからせてあげたい。ここにあるのは、「量から質へ」の移行例なのだ、と。(284)

たしかにわれわれは、生きている人間と死んでいる人間に対しては、あきらかに態度が異なる。生きている人間とは、多くの言語ゲームを共有でき(最近の話題、共通の思い出、仕事、趣味、テレビの話題など)、未来のこと(再会の約束や将来の計画など)も話し合うことができる。それに、同じような振舞も(もちろん、個人差はあるにしろ)するだろう。だから、何時間でも話し合うことができるし、仲たがいも可能だ。その関係には、さまざまな可能性がある。

しかし、死者に対してはまったく異なるだろう。声をかけるにしても一方的で、通常の言語ゲームを始めようとしても何の反応もない。むろん、もう一度会う約束など思いのほかだ。亡くなってすぐであれば、まだ振舞の共有やことばのやりとりの記憶も新しく、生きている人に対するのとほとんど変わらない態度をとるかも知れない。

しかし、それもだんだんと途切れていく。いわば「完全な死体」になってしまうと、生者と死者とのちがいは、かなり明確になってくる。生者とは、多くの振舞を共有し、ことばのやりとりも活発にかわすことができた。それに対し、完全な死者とは、振舞の共有やことばのやりとりは一切期待できない。さらに、「期待できない」という段階から、「不可能だ」という段階に進んでいく。

このような観点にたてば、生きている人と死んでしまった人との大きな隔絶点は、振舞（ことばを発することもふくめて）の有無だといえるであろう。生きている人の多くの振舞の種類や数と、死んだ人の静かなあり方との圧倒的な量のちがい（だんだんと「完全な死体」へ近づくにつれ増えていく）が、生と死の決定的な境界をなしているといえるだろう。死後ゆっくりと、振舞の「量」が、生と死との明確な「質」のちがいへと移行していったといえるかも知れない。これが「量から質へ」の移行例ということだろう。

四、異なる言語ゲーム（第286節、第289節、第290節）

しかし、身体について、それが痛みをもっているというのは、馬鹿げていないだろうか。――でもなぜ馬鹿げていると感じるのだろうか。どの程度までわたしの手が痛みを感じるのではなく、わたしが自分の手に痛みを感じるのだろうか。

痛みを感じるのは、身体なのか、という問の論点は、どういうものなのか。――この問題はどのようにして決着をつけるべきなのか。痛みを感じるのは、身体ではないというのは、どのようにしてわかるのか。――たとえば、つぎのようにしてである。誰かが手に痛みを感じているとき、「痛い」というのは手ではないし（「手が痛い」と書くのは手だが）、われわれは、手を慰めるわけではない、痛がっている本人を慰めるのであり、われわれはその人の目を見つめるのだ。（286）

前に書いたように、「痛み」の特徴は、身体の特定の場所に生じることであり、しかし同時に、痛いのは〈わたし〉だということだった。痛みは、特定の場所をもっているにもかかわらず、その場所そのものが痛いわけではない。いや、たしかにその場所が痛いのではあるが、しかし、痛いのは〈わたし〉、つまり、その場所（身体の部位）の所有者なのだ。この節では、このことを、ウィトゲンシュタインは指摘している。

「身体が痛みを感じている」わけではなく、「わたしが痛みを感じている」、つまり「わたしが痛い」のである。これは、どういう問題なのだろうか。

痛みの振舞や痛みの場所（怪我しているところや損傷している場所）と「痛い」という発声は、同じように、他人によって確認できる。しかしだからといって、そういう振舞や場所や「痛い」という声だけが存在しているわけではない。そのような振舞や場所や「痛い」という語は、その振舞をし、その場所のある身体をもち、発語する当のもの（つまり〈わたし〉）も同時に存在している。そしてそのことをわれわれの言語ゲームに参加している者たちは通常理解している。

だから誰もが、傷口から血を流している人の目を見つめ、「大丈夫ですか？」とたずねるのであり、傷口に向かって「大丈夫ですか」とたずねる人はいないのだ。かならず、振舞や傷口や「痛い」という発語の〝中心〟（わたし）に対して話しかける。

しかしながら、だからといって、その〝中心〟である〈わたし〉と、それが感じている〈痛み〉そのものが、純粋に存在しているのかというと、そうは断言できない。振舞や傷口や「痛い」という叫びがなければ、その存在は、決してわからない。なぜなら、「痛み」にかんする諸々のことがわれわれの生活のなかに登場するのは、他人との言語のやりとりにおいてだからであり、他人の振舞や自分の振舞に対する他人の反応のなかにおいてだからだ。

　われわれが身体をもち、言語を使うという「生のあり方」（Lebensform）をしていて、それらが関係しあった行為のなかで、「痛み」や「痛い」といった語は習得され理解されるからだ。自分自身だけが感じる私的な〈痛み〉を「痛み」という語によってあらわすことを学ぶことによってではない。そのような純粋な〈痛み〉など、言語ゲームにおいてはどこにも登場しない。私的体験は、かならず外的で公《おおやけ》の言語に最初から汚染されている。

　ウィトゲンシュタインは、第289節で、つぎのようにいう。

> 「わたしが「痛みを感じている」といえば、わたしはすくなくとも自分自身の前では正当化されている」。――それはどういうことか。「何をわたしが〈痛み〉と呼んでいるのか。それを他人が知ることができるなら、その人は、わたしがその単語を正しく使っていることを認めてくれるだろう」という意味なのか。
> 　ある単語を正当化されないまま使うことは、その単語を不当に使うことではない。（289）

自分自身で、自分の痛みのことを「痛みがある」といえば、自分に対して（自分自身の前で）正当化されている、という。これは、「痛み」という語を正しく使っている〈自分の〈痛み〉を「痛み」という語があらわしている〉ということを、自分はちゃんとわかっているという意味だろう。自分のなかでは、「痛み」という語の使用が正当化されているということになる。自分自身の〈痛み〉と「痛み」という語とが、ちゃんと対応しているからだ。本人はそう思っている。

しかし、これは、あきらかに第279節で登場した「自分で自分の身長を測る人」や第268節の「右手で左手に贈り物をする人」と同じことになるだろう。外的な基準がない状態で、自分だけで完結している人とでもいおうか。言語を使っているのに、言語に必須の条件である「他人の存在」が介在していない。これでは、ことばを使っていることにはならないのだ。

このような相手に対して、ウィトゲンシュタインは、その言い分を翻訳して、「何をわたしが〈痛み〉と呼んでいるのか。それを他人が知ることができたなら、その人は、わたしがその単語を正しく使っていることを認めてくれるだろう」という。しかし、そもそも自分自身の〈痛み〉をどうやって他人に示すことができるのか。自分自身でさえも、自分だけが感じている〈痛み〉を、はっきりと特定しクリアに対象化するのが難しいのに、どうやって他人が〈それ〉を「知ることができる」のだろうか。そんなことは絶対に実現しないだろう。そうなると、本人が「痛み」という語をちゃんと使っている（この場合は、自分の内側の〈痛み〉そのものを、「痛み」という語であらわしている）などということは、誰にもわからないことになる。つまり「正当化」など決してありえないのだ。

だから、この翻訳した言い分は、はっきり否定される。われわれは、通常の言語のやりとりのなかでは、語を正当化して使っているわけではない。ほとんどの語は、正当化などとは関係なく、最初から問答無用で使われている。誰も、いちいち自分が使っている語が、使っている瞬間に、きちんと何かを指し意味しているかなどと考えたりはしない。

ほかの人が使っているのと同じような使い方で、つぎつぎとことばをあやつっているだけだ。それが、言語を習得しているということであり、言語ゲームに参加しているということなのだ。どこでもどの瞬間でも、「正当化」などという面倒な作業はしてはいない。そして、「正当化していない」ことは、言語ゲームにおいては、何ら「不当なこと」ではない。「単語を正当化なしに使う」ことこそ、われわれの言語ゲームにおいては、あたり前のことなのだ。

たしかにその通りだろう。先に指摘したように、われわれが「痛み」という語を身につけるのは、自分自身の〈痛み〉を、「痛み」という語が指していることを教わることによってではない。「痛み」や「痛い」という語が使われている言語ゲームのなかに、いきなり投げこまれることによってなのだ。ルールも教えてもらえずに否応なく「ゲーム」に参加するというわけである。

言語ゲームは、自分以外の大人たちのあいだで、つねにすでに始まっている。そこに、準備もなく問答無用に投げこまれ、さまざまなことばの言い回しや単語や、そのときの振舞もふくめて、シャワーのように浴びて母語を習得する。それは、もちろん頭も使っている（いろいろ考える）けれども、まるごと「体得する」のであり、「正当化」や「理由」などといったものが入りこむ余地は、これっぽっちもない。単語の「正当化」など、どこでもなされてはいない。きわめて実践的な行為の連続なのである。「行為」や「体得」といったことが先行しているのだ。

このように考えれば、われわれとことばとのつきあいは、あくまでも「ことば側からこちらへ」であり、「こちらの内面からことばへ」ではない。われわれが母語を習得するとき、一度も、自分が使っている語をいちいち「正当化」したことなどまったくない。外側でおこなわれている言語ゲームに、有無をいわさず参加させられていただけなのだ。だから、言語ゲームに〈痛み〉そのものは、決して登場しないのである。

以上の議論を、第290節では、つぎのようにいう。まずは前半を見てみよう。

わたしが自分の感覚をそれだと認めるのは、もちろん基準によってではない。同じ表現を使っているのである。しかしそれでその言語ゲームが終わるのではなく始まるのだ。（290）

わたしたちは、たしかに自分の感覚をもっている。これは、たしかなことだ。ただそれが、〈痛み〉なのか、〈かゆみ〉なのか、〈くすぐったさ〉なのかは、わからない。それらのちがいを、何らかの基準によって、自分自身で決めているわけではない。誰も、そんな基準をもっているわけではない。ただただ複雑で私的な〈感覚〉があるだけである。そこ（〈感覚〉）から出発して、言語に向かうなどということは思いもよらない。唯一無二の自分自身の豊かな〈感覚〉を言語化するなどということは誰にもできないだろう。

われわれは、多くの人たちとの言語ゲームにつきあううちに、「痛み」という表現を使うようになる。そして、ほかの人たちの使い方と齟齬をきたすことなく何度も使えるようになったとき、「痛み」について「自分は知っている、わかっている」と自然と思うようになるだろう。もちろん、そこに「正当化」などという面倒なことはおきていない。

「かゆみ」も「くすぐったさ」も同じことだ。それらの語を、言語ゲームのなかで誰に咎められることもなく使えるようになったとき、その語を身につけたことになるだろう。たしかに「身につけた」のである。「頭で理解した」のではない。こうして、これらの語を使うことによって、われわれは言語ゲームに参加しつづけるのである。つまりは、言語ゲームが、そこから始まるのだ。「同じ表現」から始まっているのであり、〈同じ感覚〉から始まっているわけではない。

最初にわれわれはみな同じ表現を使う、否応なく。自分の〈感覚〉と特定の《それ》だけを指す唯一無二の）表現とを同定するわけでもなく、ましてや、自分の〈感覚〉と他人の感覚とを同定し、同じ表現をそれにあてはめるわけでもない。そんなことは、少し考えればわかるように、とてつもないことだ。できるわけがない。

初めにことばがある。そこから言語ゲームが始まる。というよりも、われわれにとって、すでにいつも言語ゲームは始まっている。そこに、われわれは参加するだけなのだ。

さらにウィトゲンシュタインはつぎのようにつづける。


しかしその言語ゲームは、――わたしが記述する――感覚によって始まるのではないのか。――「記述する」という単語は、ひょっとしてわたしたちをからかっているのかも知れない。わたしは、「わたしの心（魂）の状態を記述する」とか、「わたしの部屋を記述する」という。言語ゲームにはいろんなものがあることを忘れてはならない。（290）


ここで（例によってウィトゲンシュタインが想定した）相手が反論する。そうはいってもやはり、〈感覚〉が最初にあるのではないか。そして、それをわれわれが記述している（たとえば「痛み」という語によって）というのが、本当のところではないのか、と。

それに対してウィトゲンシュタインは、独特の答え方をする。あなたがいま使った「記述する」という動詞が、ひょっとしたら、この問題の鍵なのかも知れない。つまり、わたしたちは、「記述する」という動詞にだまされているのかも知れない、と答えるのだ。

ここで、ウィトゲンシュタインは、二つの文を示す。「心の状態を記述する」と「部屋を記述する」という文だ。いずれも「記述する」という同じ表現を使っている。しかし使い方は、あきらかに大きく異なる。

「部屋を記述する」の方は、わかりやすいだろう。部屋の設計図を書くか、部屋の写実的な絵や図を描けばいい。これは、とてもわかりやすい「記述」だ。部屋という実際の空間を、同じように空間的な図や絵画によって「記述する」（写す）のだから。

それに対して、「心の状態を記述する」の方はどうだろうか。これは、とてつもなく難しい作業だ。まず「心の状態」とは何か。記述の対象を特定しなければならない。「心の状態」は、知覚すること、つまり、見ること、聞くこと、触ることはできない。しかも、「部屋」とちがって「心」は特定の人間の内側に（おそらく）あるものだから、多くの人が同じように確認することもできない。

そのようなもの（？）を「記述する」とは、どういうことだろうか。そもそも、そんなことが可能なのだろうか。だから、ここでウィトゲンシュタインは、同じ「記述する」という動詞を使っていても、あきらかに異なる事態だと指摘しているのだ。

「言語ゲームにはいろんなものがある」というのは、そのような意味だろう。「部屋を記述する」という文がでてくる言語ゲームと、「心の状態を記述する」という文を使う言語ゲームとでは、同じ動詞を使っていても、はっきり異なる言語ゲームだということだ。

ところがわれわれは、その言語ゲームのちがいに無頓着で、わかりやすい「記述する」(「部屋の記述」)と、事態そのものがイメージできない「記述する」(「心の記述」)の二つを同じようなものだと思ってしまう。そして、わかりやすい「記述する」の方を手がかりにして、わかりにくい「記述する」の方を考えてしまうのだ。

ようするに、ウィトゲンシュタインのいう「文法による錯誤」をおかしてしまうのである。「心の状態」を「部屋」と同様の空間的なものだと思ってしまう。「部屋」と同じように、図や絵画によってあたかも「記述できる」ようなものだと錯覚する。

このような錯覚のプロセスで、わたしたちは、ついつい自分たちの個人的な〈私的感覚〉をことばによって「記述している」と思いこむ。部屋や風景や顔の表情を「記述する」ように、〈痛み〉や〈感覚〉も「記述できる」と思ってしまう。

それでは、そもそも「心の状態を記述する」とは、どのような事態なのか。この文が登場するのは、どのような言語ゲームなのか。ウィトゲンシュタインがつくった仮想敵がいうような「自分の感覚をそのまま記述する」というのは、どう考えてもできないだろう。しかし、たとえば病院で、「いまどんな気分ですか?」と医者にたずねられたとき、わたしたちは、「自分の心の状態を記述する」のではないか。これは、どういう言語ゲームなのか。

おそらくわれわれは、たしかにそのとき、自らの精神状態に着目するだろう。しかしそのときわれわれは、その精神の状態を「記述する」というよりは、ことばの領域におもむく。いくつかの精神状態をあらわすといわれている名詞や形容詞や副詞を思いだそうとする。そして、それらの語のあいだのちがいを吟味して、最終的に一番ふさわしいと思われる語を口にだす。そのような作業をしているのではないか。

つまり、「部屋を記述する」の場合は、部屋を見て、それに見合うことばや言い回しを探す。しかし、「心の状態を記述する」場合は、ことばや言い回しの方が先行しているのではないか。こう考えた方が、実情にあっているのではないか。

なにしろ、部屋の場合には、ほかの人たちも同じように、その様子をたしかめることができる。それに対して、「心の状態」の場合には、それは決してできない。確認も検証もできないのだから、口にだせば、ほかの人も確認できることばに頼るしかないだろう。

もう一つの論点を考えてみたい。こういうものだ。「記述する」という同じ語を使いながら、「部屋を記述する」と「心の状態を記述する」とでは、いま話したようにずいぶんちがう。そもそも「言語ゲーム」がちがう。

それでは、「痛い」というのは、どうだろうか。自分が使う「痛い」と他人が使う「痛い」とでは、同じ「痛い」でも異なる言語ゲームではないのか。自分の痛みについて「痛い!」というとき、たしかに何か実際の出来事と深くかかわっている(ように思う)。もちろん、自分の〈痛み〉を「記述している」わけでは毛頭ない。けれども、何か切実な言語ゲームであることはたしかだ。何といっても、自分にかかわるゲームなのだから。「痛い！」と叫ぶことによって、自分自身の〈痛み〉とは異なる（公的な）言語の領域に入っていくにしても、出発点は自分だということに変わりはない。

それに対して、他人がいう「痛い！」はどうだろうか。他人が目の前で転んでひざをすりむき、「痛い！」といったときの「痛い」だ。あるいは、それを見て、「大丈夫ですか？　どこが痛いんですか？」とこちらからたずねるとき、この場合の「痛い」は、どうなのか。

さっきの自分自身の〈痛み〉を表現したときの「痛い」とはまるでちがうだろう。たしかに同じ「痛い」という語だが、何かが決定的にちがう。「痛い」という語や文字は同じだから、そこに何かしら関係があることは誰にもわかるだろう。もちろん密接な関係があるかも知れない。ただここでもやはり、この二つの「痛い」は、あきらかに異なる言語ゲームに属しているのではないだろうか。

わたしが「痛い」というとき、いわば世界全体が「痛い」のである。もちろん自分自身の〈痛い〉（実際の自分の感覚としての〈痛み〉）と、このことばの「痛い」とが、同じだといっているわけではない。しかし、この場合の「痛い」は、あきらかに切実で身近な言語ゲームにおける発語なのだ。激痛であれば、自分と世界が同時にまるごと痛い。

それに対して、他人が痛がっている場合の「痛い」は、最初から言語だけのやりとりのなかでの「痛い」であり、こちらの感覚とは、まったくかかわりがない。日ごろおこなっている挨拶と同じような表面的なことばのやりとりの一環としての「言語ゲーム」に属している。こう考えると、同じ「痛い」でも、自分がいう場合と他人が使っている場合とでは、「自他の非対称」というあり方に対応した言語ゲームのちがいがあらわれているといえるだろう。自と他はやはり隔絶している。

「記述する」という同じ語を使いながら、異なった言語ゲームがあるように、「痛い」という同じ語を使いながら、まったく位相の異なる言語ゲームもあるといえるだろう。ただ、われわれが、あくまでも「痛い」「痛さ」「記述する」といった語を、言語のやりとりのなかで、いきなり意味も知らされず習得したということは、共通している。

五、かぶと虫（第293節）

さて、第293節を見てみよう。「かぶと虫」がでてくる節だ。まずは、最初の段落。

> 「痛み」という単語が何を意味しているのか、自分の場合にかんしてだけ知っているとわたしが自分自身についていうなら、――同様のことを他人についてもいわなければならないのではないか。でも、どのようにしてわたしは、たった一つのケースをこんなに無責任に一般化できるのだろうか。（293）

わたしだけの〈痛み〉は、自分だけが知っている。ウィトゲンシュタインの言い方をすれば、「知る／知らない」以前の知り方（「知っている」とすらいえないような知り方＝「知らない」可能性のない知り方）で知っている。もし〈痛み〉が自分の身体で生じたら、特別の事情（無痛症や麻酔時のような）でもない限り、必ずわかるからだ。

なるほど。しかし、そうなると、他人が感じているのは何なのか。同じ「痛み」という語が使われている。先にも論じたが、同じ単語なのだから、同じように、他人の「痛み」についても「「痛み」という単語が何を意味しているのか知っている」というべきなのだろうか。

それは、いくらなんでも無理だろう。他人の痛みを知ることは、原理的にできない。自分は他人ではないのだし、痛みというのは、そもそも〈わたし〉が感じるのだから。他人の身体が怪我をして、かりにその痛みをわたしが感じたとしても、それは〈わたしの痛み〉だ。〈他人の痛み〉を、〈他人の痛み〉のままで〈わたし〉が感じることは絶対にできない。

だからこれは、ウィトゲンシュタインもいうように、「たった一つのケースを無責任に一般化している」ことになる。しかしこれは、そもそも「一般化」なのか。自分の場合（自分自身の〈痛み〉）は、一般化できる「たった一つのケース」なのか。そうではないだろう。これは、一般化可能な個別事例ではない。純粋な〈個別事例〉だ。ただ、それだけしかないのだから、「個別」という言い方もおかしい。〈痛み〉は、〈わたし〉だけのものなのだから、「個別」でもないし、だから「一般化」（「個別」を前提にした）とは、そもそも相容れない。

「痛み」という語が、何を指しているのかは、自分の場合しかわからない。そして、この「自分の場合」は、絶対に他（他人、他の存在）の場合に転用することはできない。「自分の場合」は、ただ一つであり、それ以外の場合とは、一切かかわりのない唯一のものなのである。

ここから、「かぶと虫」が登場する。

さて、誰もが自分について「痛み」とは何か、自分自身についてだけ知っているとわたしにいう！ ——誰もが箱を一つもっていて、そのなかには、わたしたちが「かぶと虫」と呼んでいるものが入っている、と仮定してみよう。誰もほかの人の箱のなかをのぞくことはできない。そして誰もが、自分のかぶと虫を見るだけで、かぶと虫とは何かを知っているという。——この場合、どの箱にも別のものが入っている可能性があるだろう。それどころか、それが変化しつづけていることも考えられるかも知れない。——しかし、それでも、その人たちの「かぶと虫」という単語が使われているとしたら。——それは、ものの名前の使い方ではないだろう。箱のなかのものは言語ゲームの一部などではまったくない。何かあるものですらない。というのも、箱が空っぽのこともあるのだから。（293）

「かぶと虫」という名詞は誰もが使っている。ただし、〈かぶと虫〉がどのようなものなのかは、それぞれの人が、自分の「かぶと虫の箱」をのぞくことによってしか、わからない。自分自身の箱しか見ることができないのだから、その人にとっては、それが「かぶと虫」なのだ。

ほかの人の箱には、自分とまったく異なるものが、たとえばミヤマクワガタが入っているかも知れないし、美しいモルフォ蝶が入っているかも知れない。あるいは、かたちのない不思議な生き物

（地球外生命体）が入っているかも知れない。それは、誰にも（他人の箱をのぞくことは決してできないのだから）わからない。自分の箱のなかのものこそ「かぶと虫」なのだ。

だからウィトゲンシュタインは、「箱のなかのもの」は、言語ゲームの一部ではないという。「何かあるもの」（Etwas＝something）ですらない。それぞれの人間が自分だけにしかたしかめられないものが、言語ゲームという公共の場にあらわれるわけはないのだから。

あくまでも言語ゲームに登場しているのは、「かぶと虫」という単語だけだ。この単語は、それが何を指しているかはわからないにしても、誰もが共有している単語であり音であり文字なのだ。この単語を使っていて、ことばのやりとりの現場でとくに問題や齟齬がおこらなければ、誰もその単語が何を指しているだとか、その意味だとかについて改めてとやかくいいだすものはいないだろう。

この「かぶと虫」という語が、「痛み」という語をあらわしていることはすぐわかるだろう。誰もが、自分自身の〈痛み〉を知っている。しかし、その〈痛み〉そのものは、言語ゲームの一部ではない。〈痛み〉そのものが、ことばのやりとりの現場にあらわれることはないからだ。たしかに、傷や苦悶の表情などは、言語ゲームの途中で、その参加者とともにあらわれる。しかし、〈痛みそのもの〉は、決してあらわれることはない。参加者の内側の「箱」のなかにひっそりと存在している（はずだ）。

だからといって、何か問題がおこるということもない。「痛み」「痛い」といった語が、言語ゲームの参加者たちのあいだで矛盾なく使われていれば、ゲームは滞らない。「かぶと虫」の箱は空っぽでも、言語ゲームには、まったく影響を与えないからだ。

この比喩で面白いのは、「箱」の存在だ。そのなかに何が入っているかはわからないが、みなそれぞれ「箱」をもっている。そしておそらく、その箱には、「かぶと虫」という名札がついているのだろう。つまり、語（とくに名詞）は、「箱」のようなあり方をしているのだ。言語というのは、いわば気体でも液体でもなく、かたちの崩れない箱なのである。

言語がもっている、この「箱性」こそが、われわれをだます。「箱」だから、なかに何か入っているはずだと思ってしまう。「痛み」も「気持ち」も「心」も、すべて語であり名詞であるという点で、同じ「箱性」という性質をもち、そのなかに何かが入っているのではないかとわれわれは思ってしまうというわけだ。

そして、この「箱性」は、名詞だけではなく、すべての語も共有している。どんな語も、同じように語として、文字として音として物質的なあり方（しかも固体的な）をしているからだ。「家」も「万年筆」も「美しい」も「しかし」も「れる」も「は」も、すべての品詞が、「箱性」をもっているといえるだろう。

この性質によって、どんな語も、同じようなものであり、同じように箱のなかに何かが入っていると思いこむ。これが、ウィトゲンシュタインのいう「文法によるまちがい」の最たるものなのだ。

六、他人の「痛み」と自分の「痛み」（第302節、第304節）

「痛み」という同じ語を使うことからわれわれは出発する。そして、自分の〈痛み〉と他人の〈痛み〉とを、同じものであるかのように考えている。しかし、そのように考える根拠は、同じ語を使っているということにしかない。どう考えても、他人の〈痛み〉を、自分の〈痛み〉と比較し、同じだ、いやちがう、などと議論する場が開かれることなどないからだ。自分の〈痛み〉と他人の〈痛み〉は、存在している場所が根源的に異なるのである。

それに対して、「痛み」という語は、ことばという同じ地平を最初からつくっているといえるだろう。言語という一元的な場所で、比較や同一化が可能になるのである。だから、「痛み」という語をすべての人が使うことによって、自分と他人の「痛み」を比較したり、同じものだと思いこむことになってしまう。これも言語の陥穽《かんせい》である。

第302節では、ウィトゲンシュタインは、つぎのようにいう。

他人の痛みを自分の痛みのモデルにして想像しなくてはならないのなら、それは、そんなに簡単なことではない。わたしの感じている痛みにしたがって、わたしの感じていない痛みを想像しなければならないのだから。想像のなかで痛みを、ある場所から別の場所へたんに移動させるのではないからだ。たとえば、手の痛みから腕の痛みへ、といった具合に。というのも、他人の身体のある部分にわたしが痛みを感じているということではないのだから。(これもできなくはないかも知れないが)

痛みの振舞によって、痛い部分を指すことはできる。——けれども、痛みを感じている人間が、痛みをあらわしている人間なのだ。(302)

何度も確認したけれども、〈痛み〉は、〈わたし〉が感じる。もっといえば、〈痛み〉は、わたしがわたしの身体の特定の場所で感じる。そこには、〈わたし〉以外のものは一切でてこない。だから、他人の〈痛み〉を考えるなどということは、本来であれば想像を絶することなのだ。ウィトゲンシュタインもいうように、「そんなに簡単なことではない」。

これもくりかえしになるが、他人の身体のある部分に痛みが生じたことを、わたしが想像できたとしても、その想像された痛みは、〈わたしの痛み〉以外の何ものでもない。たしかに、他人が足にひどい怪我をして血を流して「痛い」といっているとき、その足が痛いのだとわかる。しかし、その足の痛みをわたしは感じることはできない。そこに痛みがあるのであれば、それは、その足の持ち主である他人の〈痛み〉だからだ。

いや、もしかしたら、血を流している他人の足の〈痛み〉をなぜか、わたしが感じることがあるかも知れない。しかし、わたしがその痛みを感じたとたんに、その痛みは〈わたしの痛み〉になってしまう。その傷の場所が、他人の脚だろうがビルの壁面だろうが猫の足だろうが、〈痛み〉を感じるのは、この〈わたし〉なのだ。

だから、「わたしの感じている痛みにしたがって、わたしの感じていない痛みを想像する」のは、とてつもなく難しい。というより原理的に不可能だということになるだろう。自分自身の〈痛み〉を、たんに移動させるのとはわけがちがうからだ。

さて、それでは、この私的な感覚のあり方の結論のようなことをいう第304節を見てみよう。〈感覚そのもの〉と「感覚」という語、〈痛みそのもの〉と「痛み」という語とは、どのように関係しているのだろうか。

「でも、痛みがあって痛そうにしているのと、痛みがないのに痛そうにしているのと、ちがいがあるのは、あなたも認めるでしょう。」――認めるだって？　それより大きなちがいがあるだろうか。――「でもそれなのに、あなたがいつもたどり着く結論は、感覚そのものは、何ものでもない、というものじゃないか。」――いや、そうじゃない。感覚は、何か（Etwas = something）

ではないけれども、何ものでもない（Nichts＝nothing）わけじゃない！　結局、何ものでもないもの（Nichts）が、何も語ることができない何か（Etwas）と同様の働きをしている、というだけのことなのだ。わたしたちは、ここでしつこく迫ってくる文法を却下しただけのことだ。

　このパラドクスが消えるのは、つぎのような見方からきっぱり手を切るときだけだ。つまり、言語はいつも一つのやり方で機能している。――家、痛み、善悪、どんなものについての思考であれ――思考を運ぶという同じ目的に奉仕しているという見方を捨てるときだけなのだ。（304）

ウィトゲンシュタインは、言語ゲームに登場しているものから出発する。つまり、言語ゲームに参加している複数の人間にとって、共通に知覚できるものから話を始める。振舞、表情、言語行為といったものだ。このような立場に立つウィトンゲンシュタインに対して、相手（想定される論敵）は、表にあらわれない〈痛みそのもの〉を認めていないのではないか、と詰問する。

　それに対して、いままでの議論からすれば「認めない」と当然いうはずなのに、ウィトゲンシュタインは、なぜか「認めてしまう」。しかも、痛みを前提にした振舞のちがいを「それより大きなちがいがあるだろうか。」などという。これはいったいどういうことだろうか。

痛みの振舞の次元しか言語ゲームの参加者であるわれわれには、わからないはずだから、「痛みがあって痛そうにしているのと、痛みがないのに痛そうにしている」とのちがいを認めてはいけないはずだ。内面は、誰にも決してわからないのだから。他人の「かぶと虫」の箱のなかには、誰も首をつっこめない。

ところがウィトゲンシュタインは、ちがいがあるという。なぜだろうか。おそらくここで、ウィトゲンシュタインは、自分はいわゆる「行動主義者」ではないという宣言をしたかったのだと思われる。これは、あとで触れる第307節と第308節にもでてくるが、ウィトゲンシュタインは、わかりやすい「行動主義」の考えをもっているわけではない。

そのことをはっきりさせるために、いままでの議論からすれば、当然「認めない」というべきところを、「認める」といったのではないか。いままでの自分の行論とは、矛盾するような言い方をここであえてしたのではないだろうか。自分は、行動主義者のような一面的な立場ではなく、あるときは行動主義的方法もとってはいるが、しかし根本のところでは、行動主義的な原理に全面的に依拠しているわけではない。このことを、唐突に断言したのではないか。

ただもちろん、だからといって、ウィトゲンシュタインが内面的な〈心〉や〈痛み〉を、盲目的に前提しているというわけではもちろんない。私的領域から出発して議論しているわけでは決してない。これは、いままでのウィトゲンシュタインの議論からあきらかだろう。どうみても、行動主義的な立場をとってはいる。

ウィトゲンシュタインは、内面的なものや私的領域を最初から前提するような素朴な考え方に対しては、あくまでも行動主義的方法によって徹底して批判する。しかし同時に、すべてを眼に見える振舞や行動だけで話をすませようとする行動主義者に対しては、内面の存在を盾にして（あるいは、暗に示唆して）攻撃する。

この両面作戦こそ、ウィトゲンシュタインのやり方なのだ。この一見矛盾しているようにも見える方法が、この節では、わかりやすく示されているといえるだろう。しかも、この両面作戦の最大の敵は、言語である。言語による詐術だ。ウィトゲンシュタインのいう「文法による錯誤」なのだ。われわれが、この両面作戦をとらざるをえないのは、言語によって、しばしばわたしたちがだまされているからだというわけである。

「感覚」や「痛み」という語を習得することによって、わたしたちは生活する（「言語ゲーム」という「生活形式」のなかで）。ところが、われわれは、それらの語の背後には、〈感覚〉や〈痛み〉がちゃんと存在しているとすぐに思いこむ。しかも、わたしと他人とでは、まったくあり方が異なる〈痛み〉を、「痛み」という同じ語をわれわれが使っているというただそれだけの理由で同じものだと思ってしまう。そもそも〈痛み〉は、〈わたしの痛み〉しか、この世界に存在していないにもかかわらず。

だからウィトゲンシュタインは、感覚は、何か（Etwas = something）ではない、という。つまり、「感覚」といったからといって、それに対応してかならず実体的な〈感覚〉そのもの（Etwas＝something）が存在しているわけではない。〈感覚〉そのものが存在しているから、「感覚」という語があるわけではない。でも、だからといって、（行動主義者がいうように）〈感覚〉そのものなど、まったく存在しない（Nichts＝nothing）といっているわけではない。それは、たしかに存在する。ただあくまでも、「感覚」や「痛み」という語から出発して存在している（この言い方は危険なのだが）わけだから、「わたしと他人が同じ感覚をもつ」といった素朴なものではない。わたしと他人が共有しているのは、語としての「感覚」や「痛み」にすぎない。

内側にある〈感覚〉や〈痛み〉は、「無」（Nichts＝nothing）というわけではない。しかし、だからといって、「感覚」や「痛み」ということばの原因となるような、しっかりした「有」（Etwas＝something）ではない、というわけだ。だから「存在している」という言い方は危険だといったのである。

つまり、ここでは、「しつこく迫ってくる文法」、いいかえれば、「言語による詐術」を拒否しようとしているわけだ。そして、この「文法」（詐術の原因となるもの）は、ある語があれば、その語は、それに見合う対象を指しているはずだ、という考えに導く。われわれをしばしばだます言語のもつ性質なのだ。しかし、考えればすぐわかるように、語には、それに応じた意味や対象が、かならずくっついているわけではない。「箱」（語）が同じだからといって、中身も同じというわけではない。

さて、この節でいう「パラドクス」とは、何であろうか。「痛み」という語を自分自身の〈痛み〉だけを指していると考えると、他人が感じている「痛み」（これは決してわたしにはわからない）や一般的な文脈で使われる「痛み」という語が、何を指しているのかわからなくなる。つまり、言語ゲームに登場している「痛み」という語の働きが理解できなくなるのだ。

「家」「痛み」「善悪」というまったく種類の異なる三つの名詞が同じように、これらの語の「思考」をはこぶという考え方も、これとかかわっているとウィトゲンシュタインはいう。「家」という名詞は、最も具体的なものを指している。われわれは、実際に街中にある「家」をイメージできるだろう。たしかに家についての「思考」は、わかりやすく具体的だ。ほとんどの人が、（ひじょうに大雑把な言い方ではあるが）おなじような「思考」（イメージ）をもっているかも知れない。

しかし、「痛み」は、どうだろうか。まず「家」のように、具体的なイメージは浮かばない。いま議論してきたように、「痛み」は、〈わたしの痛み〉であり、他人にかんして同じ「痛み」という単語を使っていること自体が不思議なのだ。誰でも知覚でき、たしかめられるような対象では、まったくない。そうだとすれば、「家」についてわれわれがもつ思考と「痛み」についてわれわれがもつ思考とは、性質も位相もまったく異なるものといえるだろう。同じ名詞であることが奇跡であるかのようにすら思われる。

さらに「善悪」という語はどうだろう。これはさらに「家」や「痛み」という語とは、はるかに隔たった抽象的な単語である。「家」であれば共通のイメージをもつことができたかも知れない。「痛み」は、自他の非対称により、他人の「痛み」と自分自身の「痛み」を同じ語であらわすことの原理的不可能により、対象を多くの人が共通して特定するのは、まったく不可能である。しかし、個々の人間は、現実の場面で、「痛み」を経験することはあるだろうし、それぞれの人間のなかで、「痛み」という語がある考え（「思考」）をともなってあらわれることもあるだろう。もちろん「家」という語とは、まったく異なった仕方で。

ところが、「善悪」となると、これら二つの単語とは、使われ方も思考のされ方も、まったく異なるだろう。「善悪」という語にともなう「思考」が、どのようなものなのかは想像を絶する。「家」や「痛み」という語とは、まったく異なる多種多様で、この上なく抽象的なものになるだろう。

こうしてウィトゲンシュタインが挙げた三つの語を考えるだけでも、とても同じ「やり方で機能している」とは思えない。ようするにウィトゲンシュタインがいいたいのは、これらの語が、実際のことばのやりとりの場で、どのように使われているかに着目しない限り、これらの語について、あるいは言語一般について何もわかりはしないということだ。

七、文法によるフィクション（第307節、第308節）

さて、これらのことを別の角度からいっている第307節、第308節を見てみよう。

「実はあなたは、変装した行動主義者じゃないのか。人間の振舞以外は、すべてはフィクションだと、結局、いっているんじゃないのか。」――わたしがフィクションについて語るとすれば、それは文法上のフィクションについてなのだ。（307）

まだまだ相手は、ウィトゲンシュタインが両面作戦をとっていることを理解していない。だから正面から、「変装した行動主義者ではないのか。」とわかりやすくつめよってくる。いろんなことをいってはいるが、結局あなたは行動主義者ではないのか、というわけだ。

行動主義者と同じように、「人間の振舞以外は、すべてフィクションだ」と思っているのではないかと、さらにたたみかけて問う。先ほども確認したようにウィトゲンシュタインは、単純な行動主義者ではない。この哲学者が、行動主義者のように振る舞うのは両面作戦の一面だけだ。ウィトゲンシュタインは、行動主義者のように、行動だけ認めてその他のこと（心、魂、感情など）を「フィクション」だと考えているわけではない。

ここでウィトゲンシュタインは、最初のひねりのない問には正面からは答えない。相手がさらにたたみかけてきた問のなかにあった「フィクション」という語を逆用する。人の振舞以外がフィクションかどうかは知らない。たしかに、人間の行動や振舞しか、われわれは確認（複数の人間によって知覚）できない。だからといって、それ以外のものをフィクションだということなどできない。それは、そもそもフィクションかどうかなどと議論できるものではない。それらは、いわば「語りえないもの」（「何か」（Etwas）でもなく、「何ものでもない」（Nichts）ものでもない）なのである。

一方でたしかに、「フィクション」といえるようなものはある。しかしそれは、〈心〉や〈魂〉といったものではなく、「文法」によってつくりだされた「フィクション」なのだ。どこにも存在しないものを「文法」がつくりだしてしまうのである。ことば（の性質である「文法」）は、自分でフィクションをつくりながら、それをノンフィクションだと思わせてしまうということだ。これが「文法によるフィクション」であり、これこそウィトゲンシュタインの最大の敵なのである。

さてつぎの節だ。この節では、ウィトゲンシュタインが、「文法によるフィクション」と考えているものが、どのようなものなのかが独特のやり方で説明される。見てみよう。

いったいどのようにして、心のなかの出来事や状態や行動主義についての哲学の問題が生じるのだろうか。——最初の一歩は、まったく目立たないものだ。わたしたちは出来事や状態といったことばを口にしていながら、それらの性質には手をつけないでおく。それらについては、ひょっとするといずれそのうちもっとよくわかるようになるだろう——と思っている。だがまさにそうすることによって、わたしたちは、ある一定の見方に縛られてしまったのだ。というのも、「出来事をもっとよく知るようになる」とはどういうことなのか、についてわたしたちは、ある一定の概念をもっているからである。（手品師の手品の決定的な一歩が踏みだされたのだが、まさにその一歩はそれほどのものには思えなかった）。——ところがいまや、わたしたちの考えをクリアにしてくれるはずだった比喩が瓦解する。だから、まだ研究されていない手段における、まだ理解されていないプロセスを否定するしかない。だから、心のなかの出来事をわたしたちが否定したように見えるのだ。しかしもちろん、否定などするつもりはない。（308）

「心のなかの出来事や状態や行動主義についての哲学の問題」とは、何だろうか。心のなかで何がおこっているのか、心というのは存在しているのかどうか、といった問題、あるいは、心など存在していないという行動主義の立場についての問題といったことだろうか。これらの問題が、どのようにして生じるのか。このことの種明かしを、ウィトゲンシュタインはこの節でする。

最初の一歩は、つぎのようなものだという。まず「出来事」「状態」といった語をわれわれは口にする。これらの語は、わたしたちが母語を習得する際、身につけたごくふつうのことばだ。日常生活でよく使う名詞である。たとえば、「昨日、こういう出来事があってね」とか、「いや、いま、ちょっと身体の状態が悪いんですよ」といったふうに誰でも使う単語だ。

だからわれわれは、とくにこだわりなく普段から、「心のなかの出来事」あるいは、「心の状態」という。これも、いつもなにげなく使う言い回しだろう。そして、このことをウィトゲンシュタインは、手品師の早業だという。手品を見ているわれわれは、あまりの早業に何がおきたのか気づいていないというわけだ。

つまり、こういうことだ。「心のなかの出来事」「心の状態」といったとき、そう口にすること自体は、何も変わったことではない。通常のことばのやりとりだ。誰でも、普段から使っていることばなのだから。

だが、よく考えてみれば、「心」については、たしかなことは誰にもわかっていない。ことばとしては使っているが、それ〈心〉がどのようなものなのかは、人によって異なるだろうし、共通の確定した見解などどこにもない。家庭で議論されることもまずない。だから、「心のなかの出来事」や「心の状態」という言い方は、実は、(ウィトゲンシュタインによれば)「比喩」なのだ。

〈心〉がどのようなものなのか誰にもわからないから、「心とは、出来事や状態のようなものだ」という意味で、「心のなかの出来事」「心の状態」ということばを使っていたというのである。ところが、これらのことばを使ったとたんに、「出来事」「状態」という語にひきずられ、「出来事」や「状態」を分析し、そのなかの要素なり素材なりを突きとめることができると思ってしまう。

「心のなかの出来事」「心の状態」ということばを口にすると、「心」については、皆目見当はつかないけれども（「それらの性質には手をつけないでおく」）、「出来事」であり「状態」なのだから、しっかり解析すれば、その中身がわかるだろう（「いずれそのうちもっとよくわかるようになるだろう」）と無意識のうちに思ってしまうのだ。「心」という語と「出来事」「状態」という語が、結びつくことにより、「心」が「出来事」や「状態」のようなものだと思いこむというわけだ。

たしかに、「交通事故という出来事」「筋肉の状態」というのであれば、それを分析し、どういう事態がおきたのか、どのような構成になっているのかを調べることは可能だろう。「出来事」や「状態」という語の、いわば典型例では、そういう物質的な構成要素や構造をとりだすことは可能だ。しかし、「心」にかんしては、そんなことは思いもよらない。ところが、「心のなかの出来事」「心の状態」という語を使うことによって、知らず知らずのうちに、こうした勘違いをしてしまう。

比喩にすぎなかったもの（心とは、出来事や状態のようなものだ）が、そうではなくなる（心は、出来事であり状態である）。そうなってしまうと、今度は行動主義者たちが、「心が出来事や状態であるはずがない」といって、「心」の方を否定してしまう。しかし、この否定は、「心＝出来事、心＝状態」という等式を否定したのであって、もともとの〈心〉については、何も語ってはいない。「心」が「出来事」や「状態」といわれるもののように、物質的なものだとは誰もいっていない。ただ、普段のことば遣いで、「心のなかの出来事」「心の状態」といっているだけなのだ。これらのことばと、〈心〉そのものは、まったく関係ない。〈心〉そのものが、どのようなものなのかは誰にもわかっていない。「心」という語を使っていいのかどうかさえもわからない。

わからないからこそ、「心」という語を使い、さらに「心のなかの出来事」「心の状態」などと、（ウィトゲンシュタインの言い方を借りれば）「比喩」を使って、手がかりとしただけだ。何らかの手がかりがないと（「語」や「言い回し」を使わないと）、〈心〉を対象にして、それを探るなどということはできないのだから。

しかし、このことによって、ウィトゲンシュタインのいう「文法によるフィクション」にだまされたのであり、いわば「文法による陥穽」に落ちてしまったといえるだろう。「出来事」や「状態」という語の「文法」によって、われわれは、まんまとだまされたわけである。手品師は、われわれを実に手際よくだましつづけているのだ。

八、ハエ取り壺の出口（第309節）

つぎは、とても短い節である。有名な第309節を見てみよう。

哲学におけるあなたの目的は何か。——ハエにハエ取り壺からの出口を教えてやること。（309）

ハエは、自らハエ取り壺に入ってしまった。しかし、一度入ってしまうと、どこから入って来たのかわからなくなり、でることができず、バタバタもがいている。あるいは、おとなしく諦めている。もし、ハエを外で自由に飛びまわるようにしてあげたいのなら、いくつかの方法があるだろう。

①ハエ取り壺からでられるように、壺をいろいろ動かして、ハエがでやすいような角度にしてあげる。

②ハエの身に危害がおよばないように細心の注意をしつつ、ハエ取り壺を壊し、ハエを自由にする。

③ハエと何らかのコミュニケーションをとり出口を教える。
ウィトゲンシュタインは、おそらく③の方法をここで示唆していると思われる。なぜだろうか。まず「ハエ取り壺」とは何か。

これまでの話からすれば、「文法」のことだと考えていいだろう。われわれが、ついだまされてしまう語のもつ仕組み（都合、無意識的構造など）だ。わたしたちは、前の節のように、容易に手品師にだまされる。文法（ことば）にしょっちゅうだまされてしまう。ついつい語の自律的な網の目（関係性）によって、できあがるイメージにひきずられる。「心」と「出来事」が一語になる（語の都合で）のを真に受けて、心が何かしら物理的出来事のようなものだと暗黙のうちに思いこんでしまう。自ら、ハエ取り壺に入ってしまうのである。

このように考えれば、②のように、壺を壊してハエを助けることはできない。言語そのものが破壊され、ハエ（人間）の生活が成りたたなくなる。ことばのない世界で生きていかなければならなくなるからだ。それはできない相談だ。

壺はたまたま、ハエ取り壺になってしまったのであって、壺そのものが悪いわけではない。そうなると、①の方法も、なかなか難しいといわざるをえない。語の文法そのものを、いろいろ改変するのは個人ではできるだろう。しかし、その改変が、言語そのものに影響を与えるかどうかは、決してわからない。語の文法は、あくまで複数の人間がその言語を使用する共同体のなかで既成のものとして存在している。そういう「誰のものでもなく、誰のものでもある」ことばの「文法」（語の暗黙の仕組）を、実質的に変えるのは不可能だろう。「文法」そのものが、何らかの理由で、おのずと変わるのを待つしかない。

そうなると、やはり③のやり方しかない。語の文法は、そのままにして（というか、それ以外の方法はない）、文法にだまされないようにする。文法はそのままで、出口からでて錯誤の可能性から逃れるというやり方しかないだろう。そして、そのように導くことこそウィトゲンシュタインの哲学の役目だということになる。

われわれは、しばしば「文法的錯誤」に陥る。語の文法にだまされて、ハエ取り壺に知らないうちに入ってしまう。そして、自分が、ハエ取り壺に入っていることさえ気づいていない。そのとき、錯誤に陥っている人（ハエ取り壺のなかのハエ）に、その錯誤を指摘する（ハエ取り壺の出口を示す）ことこそが、哲学の目的なのだ。「言語ゲーム」や「語の文法」を破壊したり、改変したりするのではなく、それはそのままにしておいて、われわれが陥る錯覚・錯誤をそのつど指摘しつづけること、これが、ウィトゲンシュタインの考える「哲学」なのである。

九、痛みの表出の背後にある何か（第310節）

つぎの第310節に移ってみよう。まず最初の部分。

わたしが誰かに、「痛い」という。すると、その人のわたしに対する態度は、それを信じるものであったり、信じないものであったり、半信半疑であったりするだろう。（310）

わたしが、ことばにだして「痛い！」という。それを聞いた相手は、そのことばに反応して、痛いという箇所を手当てしてくれたり（信じる）、「たいしたことないでしょ、いつも大げさなんだから……」といったり（信じない）、じっとこちらの様子を眺めたり（半信半疑）する。

この三つの態度をとる相手は、その発言（「痛い！」）をしたわたしの言い方だったり、表情だったり、あるいはそのときのわたしの身体の状態だったり、あるいは、わたしの日ごろの態度だったり、いろいろな側面を吟味して、最終的に、わたしの「痛い！」という発言に対する態度を決めるだろう。

そして、その判断材料は、あくまでも、その発言を聞いた相手が知覚できるものに限られる。「痛い」ということばや、その態度や表情以上のものにたどり着くことはない。それらの表出（ことばや知覚可能なもの）の奥に別の何かがあるのかどうかは、決してわからないからだ。

さらに、つぎの部分を見てみよう。

かれが「それはそれほど不快なものではないだろう」という、と仮定しよう。――この言い方は、痛みの表出の背後にある何かを、かれが信じていることの証拠ではないのか。(310)

「痛い！」とこちらがいったのに対して、「それはそれほど不快なものではない」と相手がいう。「それは」(Es=It) という指示代名詞を使って〈それ〉を指示しているのだから、この答は、あきらかに〈わたしの痛み〉(最初に発言した「わたし」の〈痛み〉) を前提しているように思われる。だから、ウィトゲンシュタインが想定する論争相手（これは、わたしの「痛い！」ということばを聞いた相手では、もちろんない）も、「この言い方は、痛みの表出の背後にある何かを、かれが信じていることの証拠ではないのか」という。何といっても、かれは、「それ」といってしまっているからだ。しかし、ウィトゲンシュタインは、きっぱりとこういう。

かれの態度は、かれの態度の証拠なのだ。(310)

なるほど。こういわれてみれば、そうだろう。「それは、それほど不快なものではないだろう」という答は、あくまでも、この発言をした人の態度表明なのであって、〈それ〉と名指しているようでいて、その〈それ〉は、この発言をした人自身が想定した〈それ〉にすぎない。この「それ」が何を指しているかは、本当のところは、その発言をした当人にしかわからない。〈痛み〉を感じる本人(わたし)が感じている〈それ〉(痛み)を指すことはありえないのだ。まったく位相がちがうのだから。

だから、この「それ」が、最初の「痛い!」といった人(わたし)の〈痛み〉そのものを指しているというのは、大きな飛躍にすぎない。「それはそれほど不快なものではないだろう」という発言は、結局は、その発言をした人の思っていることの表明なのだ。「痛い」といった人(わたし)と「それはそれほど不快なものではないだろう」といった別の人とを、「それ」という指示語だけで結びつける証拠はどこにもない。

だから、ウィトゲンシュタインは、こういう。

「痛い」という文だけを考えるのではなく、「それはそれほど不快なものではないだろう」と

いう答が自然な音声や身振りで置き換えられている、と考えてみよ！（310）

「痛い」（ドイツ語そのままの意味は、「わたしは痛い」Ich habe Schmerzen.）という言い方を、「うぅ〜」とうめいたり、顔をしかめたり、うずくまったりする自然な音声や身振りの代わりの表現だと考えるのであれば（われわれは、しばしばそう考える）、「それはそれほど不快なものではないだろう」という発言もまた、同様のものだと思わなければならないだろう。少し長い文であるし、痛みや苦しみなどのわかりやすい（直接の）表現ではないが、しかし、これもまた自然な音声や身振りで置き換えられると想定してもいいだろう、というのだ。たしかに、こう考える方が自然だ。

痛いときに、「痛い！」といって顔をしかめるように、「それはそれほど不快なものではないだろう」と口にだす場合には、このような長い文ではなく、たとえば「不快じゃないだろう！」と短く叫び、顔をほころばせる表情をすると考えてみてもいいのではないかということだ。このように考えれば、われわれのどんな発言も、自然な音声や身振りの代替行為だと考えることができるだろう。ウィトゲンシュタインは、ためしにすべての発言について、そう考えてみよ、といっているのである。

しかし、これはもちろん、「痛い」という発言が、自然な音声や身振りで置き換えられるという前提にたった考えだ。〈痛い〉という内的な状態があり、その状態を表現するものとして「痛い」という語があるという前提にたっている。そして、われわれはしばしば、「痛い」という言い方（あるいは、感情の自然な発露といわれる多くのことば――「やったぁ！」「嬉しい！」などほかにももちろん、あるだろう）が、自然な〈痛み〉と直接つながっていて、ほかの文（感情や痛みとは無関係のもろもろの文）は、つながっていないという先入見をもっているということをウィトゲンシュタインは指摘したのだ。

以上は、ウィトゲンシュタインの、「この言い方は、痛みの表出の背後にある何かを、かれが信じていることの証拠ではないのか。」という論争相手の文に対する応答である。ようするに、こういうことだろう。「痛みの表出の背後にある何か」を想定するのであれば、それは、痛みだけではなく、すべての表出について、そう考えるべきである。どんなに長い文であっても、どれほど非現実的な内容の文であっても、その背後には、かならず「何か」があると考える方が自然だ。そうするととても奇妙なことになるのではないか。すべての文には、かならず何かが背後にあるということになるからだ。もちろん、この奇妙な事態をひきおこした原因は、「痛みの表出の背後に何かある」という想定である。この一見自然だと思われる想定が、これほど奇妙な事態にまでたどり着いてしまう。

だったら、この想定をやめるべきだろう。「痛みの表出の背後に何かある」というのではなく、「痛みの表出はたしかだ。その場にいる万人が確認できる。しかし、その背後に何かがあるかどうかは、誰にもわからない」といえばすむのである。

十、私的な領域（第304節、第311節、第312節）

つぎの第311節はどうだろう。これは、第304節のことばの引用から始まる。「それより大きなちがいがあるだろうか。」という文だ。これは、つぎのようなやりとりでできた文だった。改めて、第304節を見てみよう。

「でも、痛みがあって痛そうにしているのと、痛みがないのに痛そうにしているのと、ちがいがあるのは、あなたも認めるでしょう。」――認めるだって？　それより大きなちがいがあるだろうか。（304）

この大きな問題（ウィトゲンシュタインの本来の考えとは齟齬を来すのではないかと思われる問題）を孕む箇所の引用なのだ。この「それより大きなちがいがあるだろうか。」という文を、冒頭に書いて、ウィトゲンシュタインは、つぎのようにつづけていく。

痛みの場合、わたしは、自分がそのちがいを私的に自分に対して示すことができる、と信じている。（311）

たしかに痛みは、自分自身が感じているのであれば、自分自身に「私的に示す」ことができると思うだろう。これは、自分が自分に対して「私的に」示すのだから、本当に痛いのか、ただ痛いふりをしているだけなのか、そのちがいはあきらかだと、われわれは考えてしまう。ところが、ウィトゲンシュタインは、つぎのようにいう。

他方、折れた歯と折れていない歯とのちがいは、わたしは誰にでも示すことができる。（311）

ここではあきらかに「私的に示す」ことと「公的に示す」こととが対比されていて、「私的に示す」の場合には、「示すことができると信じている」という言い方がされる。たしかに、他人に証拠を見せることはできないのだから、「信じている」といわざるをえなくなるだろう。しかし、「信じる」というのは、本人だけの問題であり、誰にも本当のところはわからない。だから、たたみこむように、ウィトゲンシュタインは、つぎのようにいう。

ところが、私的に示すためなら、自分に痛みをひきおこす必要などまったくない、痛みを想像するだけで充分である。(311)

「私的に示す」のであれば、実際に痛くなくとも、痛みを想像するだけで充分だというのだ。たしかに、自分自身に、自分の痛みを示すのであれば、「私的な」想像(痛いつもりになる)だけでいいだろう。そこには、〈痛み〉そのものがなくても一向に構わない。痛みを自分に示せばいいのだから。

――たとえば、少し顔をゆがめたりして。(311)

なるほど。たしかに自分自身に「私的に」痛みを示すためにも、外的な表情(顔をゆがめる)はとても手がかりになるだろう。「顔をゆがめる」ことによって、〈痛み〉そのものが〈そこ〉(自分の身体)にあるような気になるからだ。「痛いつもり」になりやすいのである。

〈痛み〉そのものに、身体的な手がかりなしで焦点をあててみよう。うまくいくだろうか。たとえば、〈腹痛〉は、どうだろうか。まず、われわれは過去の〈腹痛〉の記憶を探りだそうとするだろう。しかし、それはあくまでも記憶であり、自分だけしか覚えていない。その記憶に肉付けするために、顔をしかめたり、腹部に手をあてたりするかも知れない。だが、ウィトゲンシュタインは、さらにいう。

あなたは、自分自身がこのようにして自分に示しているものが痛みであり、たとえば顔の表情などではない、ということを知っているのか。どのようにしてあなたは、自分自身にそれを示す前に、自分に何を示したらいいのかを知るのか。（311）

自分の記憶という対象が、本当に〈痛み〉といえるのかどうか。それを補うために、腹痛にともなう身体の仕種をいろいろやってみる。しかし、そのような多くの手がかりを自分に示したとしても、それが〈痛み〉そのものであるとはいえないだろう。〈痛み〉そのものを何の手がかりもなく私的な領域で示すのは、かなり難しいといわざるをえない。なんといっても、誰もが納得できる基準や証拠がないからだ。「私的な」領域というのは、もともとそういう場所なのだ。しかも〈痛み〉そのものをすでに知っているのであれば、自分自身に改めて示す必要はないはずなのに、なぜ知っているはずの〈痛み〉を表情や仕草を使って探しだそうとしているのか。と最後に問いかける。ようするに、〈私的〉なものは、自分自身でもはっきりと示すことなどできないのではないかというのだ。だから、ウィトゲンシュタインは結論をいう。

こんなふうに私的に示すことなど、一つの幻想なのだ。(311)

「示す」というからには、ある人が別の人に、はっきりとその別の人が確認できる証拠を提示しなければならない。ところが、一人の人間の内側で、そのような関係は原理的に形成されない。わたしのなかに別の二人の人間は存在できないし、私的な領域で、はっきりとした外的な証拠を示すことなど絶対に不可能だろう。

そうなるとやはり、第304節の「大きなちがい」は、本来は見いだせなかったのではないのか。ウィトゲンシュタインが、行動主義者に対して、戦略的な意味合いでいったにしても、この「大きなちがい」はやはり疑問の残る言い方だと思う。

さて、つぎの第312節に移っていこう。ウィトゲンシュタインの論敵が、歯と痛みとを結びつけて、さらに頑なになって、つぎのようにいう。

でも歯の場合と痛みの場合とは、やはり、ふたたび似てくるのではないのだろうか。というのも、一方の視覚に他方の痛覚が対応しているのだから。その視覚を、わたしは痛覚と同じくらいわずかに、あるいは、同じくらいうまく自分自身に示すことができる。(312)

相手（論敵）は、歯を見るという視覚と、痛みを感じるという痛覚とを対応させる。同じ感覚なのだから似ているのではないか、というわけである。そして、同じ感覚なのだから、視覚でとらえた情報（歯の様子）も痛覚に与えられた情報（痛み）も、いずれも自分自身に「示す」（vorführen = exhibit）ことができる。したがって、「示す」という意味では、同じではないかというのである。「感覚を受けとり、それを自分に示す」という点では、視覚と痛覚とは同じ仕組みなのだから、「私的に示す」ことは幻想ではないと、（論争）相手はいいたいのだ。

折れた（あるいは、折れていない）歯と、歯の視覚情報とが対応しているのであれば、折れた（あるいは、折れていない）歯と歯痛の痛覚情報も対応しているはずだといっているのである。これに対してウィトゲンシュタインは、直接は答えず、つぎのような思考実験をおこなう。

つぎのような場合を考えてみよう。われわれの周囲にある物（石、植物など）の表面に、触れるとわたしたちの皮膚に痛みをひきおこす斑点や区域がある（たとえば、それらの表面の化学的性質によって。でもここで、そのことを知っている必要はない）。このときわれわれは、今日特定の植物の赤い斑点のある葉っぱについて語っているように、痛い斑点のある葉っぱについて語るであろう。痛みを感じさせる斑点とその形態が知覚できるようになれば、役にたつであろうし、その知覚からそれらの物の重要な特性について結論をだすことができるだろう。（312）

ここでウィトゲンシュタインは、相手がしたように、もし視覚と痛覚とを対応させるのであれば、皮膚に痛みを与える葉っぱのような対応の仕方がいいのではないかといっているのである。相手の対応のさせ方のまちがいを直接指摘するのではなく、自分が考えるより正しい対応の仕方を示すことによって間接的に、まちがいを指摘しているのだ。

それでは、この思考実験は、どのようなものなのか。視覚と痛覚とが対応するというのであれば、視覚的にとらえることがそのまま痛覚であるような場合以外認められない。われわれの身近にある石や植物などの例をウィトゲンシュタインはだす。たとえば、黄色い植物の葉っぱがあるとする。その黄色い葉のなかには、黒い米粒大の斑点があり、そこに指を触れると、激しい痛みが指に走る。そのような痛みをこちらに生じさせる葉っぱがあるとすれば、触ると痛みが走る黒点を視覚でとらえることと痛覚への刺激とは直接結びつく(つまり、対応する)だろう。このような直接的な対応が成立しているのであれば、それを「示す」(vorführen)ことができるというわけだ。

何しろ、黒い斑点であれば、視覚によって誰でも知覚することができるのだし、それが直ちに痛覚を刺激するという可能性に結びついているからだ。このような想定のなかでの痛覚は、まさに公的な感覚だといえるだろう。視覚と同様の感覚になっているといえる。

ところが、通常の痛覚は、視覚によって見られた折れた歯とちがって、私的なものであり痛みを感じる当人にしかわからない。どれだけその人が、「痛い」といったところで、〈痛み〉そのものをとりだして、公の場で見せる(示す)ことはできない。折れた歯と根本的にちがうのである。

だから、視覚と痛覚は、公のものとして示すことができるかどうかという点では、そもそも正反対の性質をもった感覚なのだ。だから、(ウィトゲンシュタインが想定した論争)相手のように、同じ「感覚」だからということを根拠にして、二つの感覚を対応させて議論しても意味がないということになるだろう。折れた(あるいは、折れていない)歯は、(眼に障害がなければ)誰でもたしかめることができるのに対して、その折れた歯の持ち主が痛みを感じているかどうかは、本人にしかわからないのだから。

十一、経験と語の理解（第313節～第315節）

さらにつぎの節に移っていきたい。全文引用してみよう。

> わたしは、赤を示すように、また直線や曲線や木や石を示すように、痛みを示すことができる。——わたしたちは、まさにこれを「示す」と呼んでいるのである。（313）

これは、二通りの解釈が可能だろう。まず最初の解釈はこうだ。前の節（第312節）で想定された「痛い」斑点のある物（石でも葉でもいい）が存在するとすれば、という仮定のもとにいっているという解釈だ。もし、そうした痛覚と視覚が直接結びついた葉っぱ（痛い斑点のある葉）が存在するのであれば、「わたしは、痛みを示すことができる」といえるだろう。そして、それは、直線や曲線、木や石を示すのとまったく同様なのだ。そして、このように視覚に訴えかけ、誰もが（視覚に障害のある人をのぞいて）見ることができるものに関係する文脈で、われわれは「示す」という動詞を使う。それゆえ、それ以外の文脈（たとえば、〈痛みそのもの〉を示すような話題のとき）では、このような意味での「示す」は、使えないということになる。これが一つ目の解釈である。

さて、二つ目の解釈はこうである。つぎのようなものだ。「示す」(vorführen)という動詞から出発してみよう。この動詞は、赤や木や石を、視覚的に、ほかの人に見せるときに使う動詞である。この動詞は、もともと(ドイツ語のつくりからすれば)「目の前に+連れていく」(vor + führen)という意味なので、見ることや視覚と深く関係した動詞なのだ(英語の訳は exhibit)。だから、もともとは、そうした具体的に見えるものを対象としたときに使っていた動詞なのだが、当然意味が拡張するにつれて、ほかの対象にも使われるようになった。しかし、そのことによって、いわゆるウィトゲンシュタインのいう「文法による錯覚」が生じることになる。つまり、「痛みを示す」という言い方をしたとたんに、もともと「示す」が対象にしていた木や石や直線や曲線のように、はっきりと眼でとらえることができるものだと暗黙のうちに〈痛み〉を考えてしまう。つまり、動詞にひきずられて、石や赤さや木と、〈痛み〉とを同定してしまうのだ。「示す」という語の文法に、だまされているのである。

これは、あきらかにウィトゲンシュタインのいう「文法による錯覚(錯誤)」であろう。だから、第313節の二つ目の解釈としては、たしかに「示す」という動詞で、赤さや直線や曲線や木や石や痛みを対象(直接目的語)とした言い方をしている。それは、われわれの言語ゲームのなかで通用する言い方だ。普段から「示す」をそのように使ってもいる。そのような動詞を「示す」と呼んでいる、といっていると考えられるだろう。

しかし、そのような語（「示す」）の使い方をしていることと、その対象（目的語）である「赤さ」「直線」「曲線」「木」「石」「痛み」などが、同じであるかどうかということとは、あまり関係がない。というのも、そういう語の使い方をしているだけだからだ。これが、二つ目の解釈である。どちらも可能な解釈ではないかと思われる。

つぎの第314節にいってみよう。この節も短い。

もしわたしが、感覚についての哲学的問題をあきらかにするために、わたし自身の現在の頭痛の状態を観（考）察しようとするのであれば、それは根本的な誤解を示している。（314）

ウィトゲンシュタインによれば、私的な感覚から出発したのでは、多くの人が参加する議論には、原理的になりえない。それぞれの内側の感覚は、それぞれの人間の〈私的なもの〉から、複数の人間による問題解決の俎上にはのせられない。だから、「感覚についての哲学的問題」を解明するためには、自分自身の現時点での頭痛を観（考）察しても何の役にもたたない。そんな私的な感覚では、万人が議論できる「感覚」にはなりえないからだ。共通の土俵を形成できないのである。

これが、ウィトゲンシュタインのいう「根本的な誤解」である。

つぎの第315節は、〈痛み〉とことばとの関係についてのウィトゲンシュタインの結論のようなものだと考えていいだろう。

この節は、まずは、つぎのような問いかけから始まる。

> 痛みを一度も感じたことのない人が、「痛み」という語を理解できるだろうか。(315)

もちろん、常識的な答は、「理解できない」というものだろう。痛みを経験していなければ、「痛み」という語の意味などわかるはずもない、というわけだ。しかし、ウィトゲンシュタインは、その反対の答を胸に秘めている。この最初の大きな問に対して、さらにこう問で答える。

> これが「痛み」であるかどうかを、経験が教えてくれるのか。(315)

わたしたちが経験を重ねれば、〈痛み〉を感じたときに、これが「痛み」といわれるものだとわかるのだろうか、と反問しているのである。というのも、それがわかれば、最初の問である「痛みを一度も感じたことのない人が、「痛み」という語を理解できるだろうか。」という問に答えることができるからだ。なぜなら、〈痛み〉を感じることによって、それが「痛み」という語によってあらわされる事態だとわかるのであれば、「痛み」という語の意味を、経験が教えてくれることになるからである。

　しかし、これはとても奇妙なことをいっていることになる。われわれが、自分自身で〈痛み〉を感じるとき、その感覚は自分自身にしかわからない。誰も、他人の感覚をのぞきこむことはできないし、他人からのぞきこまれることも絶対にありえない。そうだとすると、どうやって、いま感じているこの感覚が、「痛み」であるとわかるのだろうか。たしかに、そのとき〈痛み〉を経験しているのかも知れない。しかし、それをたしかめるすべは、この世界の内部には、原理的に存在しない。われわれは「自他の非対称」という根源的なあり方をしているのであって、このあり方をしている限り、自分の感覚（〈痛み〉）と他人のそれとを比較することは決してできない。ということは、自分が感じている感覚が、公の場で、どのような語で呼ばれているのかを確認することは誰にもできない。われわれは、それぞれが私的な感覚を感じ（これも、「おそらく」「多分」としかいいようがない）、それとは別に、いろいろな語を使って、そのつどの言語ゲームに参加している。私的感覚と言語ゲームで使われている語が関係しているかどうかは、誰もチェックできない。

　だから、この二番目の問に対するウィトゲンシュタインの答は、「教えてはくれない」だろう。そして、さかのぼって、一番目の問に対する答は、「理解できる」ということになるだろう。痛みを経験したかどうかということと、「痛み」という語の理解とは、まったく関係がないからだ。われわれは生まれるとすぐ否応なく、その共同体のなかで、母語を習得し日々の言語体験のなかで、さまざまな語を使用しながら、その語の意味（個々の文脈における使用の仕方）を身につけていく。それは、内的な経験と語との対応を習得していくこととは関係がない。いろいろな場面での語の使用を体得していくだけだ。経験と語とが対応しているかどうかは、誰にもわからない。

さらに、ウィトゲンシュタインは、たたみかけるように問を重ねていく。

> そして、もしわれわれが「これまで痛みを感じたことがなければ、痛みを想像することはできない」というとしたら、――どうして、われわれはそれを知るのだろうか。それが正しいかどうか、どのようにして決められるのだろうか。（315）

〈われ〉〈われ〉は、〈わたし〉という牢獄に閉じこめられている。絶対に他人の内面には触れることはできない。こうしたあり方を基底に据えれば、「これまで痛みを感じたことがなければ、痛みを想像することはできない」などと決していうことはできないだろう。〈痛みを感じる〉ということが、公共的なものとして存在していないのだから。〈痛みを感じる〉ことの基準は、われわれの社会では、どこにも存在しないのだから。

われわれにわかっているのは、「痛み」という語を使う言語ゲームを、多くの人たちと一緒に日々おこなっているということだけである。そこでは、「痛い！」といった人に対して、「大丈夫？」と話しかけたり、手当てをしたり、事情によっては、薄笑いを浮かべて眺めたり、あるいは、無視したりするだろう。「痛み」「痛い」「痛くない」といった語を使う言語ゲームをおこなっていることだけは誰もが知っているし、この上なく確実なことだ。そして、われわれにとってたしかなことは、それだけにすぎないとウィトゲンシュタインはいっているのである。

第五章 考えるということ

一、語の使用（第316節）

第316節に移ってみよう。まずは、常識的な「考え」を、ウィトゲンシュタインは、つぎのように表現する。

「考える」という語の意味をはっきりさせるため、われわれは考えているときの自分自身を眺める。ここで観察したものが、この語の意味するものだろう。（316）

通常われわれが、「考える」という語の意味（「考える」とは、どのような事態か）を、突きとめるために、何をするかというと、自分自身が考えているときに、何がおこっているのか、自分の内面を観察するだろう。そこでおこっていることが、「考える」ということなのだ。つまり、「考える」という語の意味は、われわれが考えているときにおこっていることだ、というわけである。

このようにまとめたあとに、ウィトゲンシュタイン自身は、つぎのように反論する。

だが、この「考える」という概念は、かならずしもそのようには使われてはいない。(316)「考える」という語は、わたしたちが思考している際に、その内面でおこっていることを指示するために使われているわけではない、とウィトゲンシュタインはいう。「考える」という語は、そのような指示をしているわけではなく、実にさまざま場面で使われる。それは、実際に考えている事態とはかかわりなく現実の言語ゲームで「使われる」のである。

「この問題を考えてみて」「君は、何にも考えないんだなぁ」「あの人は、いろいろなことを考えているよ、いいことも悪いことも」など、「考える」という語を使うとき、その語はかならずしも具体的に考える事態のことを前提したり、指示したりしているわけではない。語や文のやりとりのなかにさまざまな姿で登場しているだけなのだ。

したがって、「考える」という語の意味をはっきりさせるためには、これらの多くの使用を吟味し、ほかの語との関連などを調べて、その意味を突きとめるべきだろう。たとえば「考える」と「思う」とのちがい、「考える」と「想像する」や「思い浮かべる」とのちがい、あるいは、「思考する」「思索する」「熟考する」「沈思黙考する」などとのちがい、あるいは類似点など。これらの語の使用現場でのちがいや類似しているところなどをこまかく比較検討し、「考える」という語の意味(もちろん「考える」という語と一対一対応しているようなものではないもの)を探っていくのでなければならない。

わたしたちが〈考えているときの内面〉を凝視したところで、「考える」という語の意味はまったくわからないだろう。そもそも〈考えているときの内面〉と〈思い悩んでいるときの内面〉と〈集中しているときの内面〉などを、どのように区別できるのか。自分だけで恣意的に区別するのであれば、その「私的」区別はまったく無意味だろう。当の本人にしか通用しないからだ。

さらに、この事態をはっきりさせるために、つぎのような例をウィトゲンシュタインは最後に挙げる。


ちょうどそれは、チェスを知りもしないのに、チェスの対局の最後の一手をじっくり観察することによって、「詰み」（チェックメイト）という単語の意味を探りだそうとするようなものだ。（316）


チェスのゲームを知らないけれども、最後の一手を観察すれば、「詰み」という語の意味がわかるというのは、日本語をまったく知らずに、自分が考えているときの内面に目を向ければ、「考える」という日本語の意味が忽然とわかるといっているようなものだということだろう。

「詰み」（チェックメイト）という語は、チェスというゲームにおいて、いろいろなルールや攻め方などの用語と一緒に「使われる」ことによって意味をもつ。ほかのチェスの用語と関係をもつことによって、この語は意味をもつのだから、実際のゲームで「詰み」の一手が指されるのを見ても、その意味はわからない。

たとえば、やはりここでもチェスととてもよく似たゲームである将棋でいえば、「詰み」と「必至」と「詰めろ」などのちがいは、対局者が一手を指す事態を外から観察することによっては絶対にわからない。実際に将棋のルールを知り、将棋を指し、将棋用語を熟知することによって、おのずと理解できる。語の意味は、ほかの多くの語とともに実際に使用しなければ理解することはできない。語は、あくまでも言語の使用のなかでのみ意味をもつ。

二、思考の道具立て（第317節）

つぎの第317節は、二つの文の対照から始まる。

誤解を招きやすい対照。悲鳴は痛みの表現――文（命題）は考え（思想）の表現！（317）

まずは、前者「悲鳴は痛みの表現」を見てみよう。たしかに、「悲鳴」は、「痛み」の表現だといえるかも知れない。もちろん、われわれには、「悲鳴」しか確認（知覚）できない。しかし、そこからさかのぼって、〈痛み〉が（おそらく）その人の内面にあり、その〈痛み〉と「悲鳴」が関係しているということは、わかるだろう。もちろん、ウィトゲンシュタインの方法論からすれば、〈痛み〉そのものが原因で、その結果として「悲鳴」が発せられたとはいえない。「悲鳴」を知覚し、そこから逆算することによって、〈痛み〉への方向線が描かれるといったところだろうか。このような逆算や遡行という方向であれば、「悲鳴は痛みの表現」という言い方も、ある程度は認めることができる。しかし「表現」という語が、内的なものが外的なかたちであらわれる、という意味であれば、ウィトゲンシュタインによってただちに否定されるだろう。

さてそれでは、この「対照」そのものを問題にしてみよう。というのも、この「対照」は、「文法による錯覚」の典型例だからだ。何度もでてきたので説明不要かも知れないが、「文法による錯覚」というのは、語のもつ文法（「語の都合」、あるいは、いわば「語の無意識」のようなもの）によって、われわれが錯覚したり錯誤をおかしたりすることである。

その観点から、この二つの文を見てみよう。「悲鳴は痛みの表現」という言い方は、われわれの言語ゲームに普段からよくあらわれる言い方だろう。とてもわかりやすい表現だといえる。それに対して、「文は考えの表現」というのは、どうだろうか。こちらも、誰でもが使う言い方だろう。とくに難しいわけでも特異なわけでもない。誰でも気にせず使う。

ところが、この二つの言い方が並ぶとどうだろうか。「AはBの表現」という同じ形式をもっていることが、すぐわかる。このことによって、われわれは、無意識のうちに、この二つの文が同様の事態や内容（あるいは構造）をあらわしていると思ってしまう。形式だけが共有されているにもかかわらず、その形式によってだまされるわけだ。

「悲鳴は痛みの表現」というとてもわかりやすい文に形式がひきずられてしまうとでもいったらいいだろうか。「悲鳴は痛みの表現」という文は、〈痛み〉という内的なものがあり、それを悲鳴という外的で知覚可能なものによって表現しているという内容だと通常思うだろう。

そうすると、この「AはBの表現」という言い方そのものにも、「内的なものが外的なものによって表現される」という内容が、いわばしみこんでしまうのである。つまり、「悲鳴は痛みの表現」という文言を、この形式の典型例だと思いこんでしまうのだ。こうした先入見がつくりだされると、「文は考えの表現」という言い方にも影響を与えてしまう。つまり、〈考え〉という私的で内的なものがあり、それを外的なかたちで表現したのが、「文」だと思ってしまうのである。「悲鳴は痛みの表現」という文と「文は考えの表現」という、文脈も内容もまるで異なる二つの言い方が、知らないうちに重なってしまうのだ。

これが、「文法による錯覚」の構造だ。「AはBの表現」という形式（語の文法）によって、われわれはだまされる。

ウィトゲンシュタインは、つぎのようにつづける。

あたかも誰かに他人がどのような気分でいるかを知らせることが、文（命題）の目的であるかのように。(317)

もし「文法による錯覚」に陥って、「悲鳴は痛みの表現」と「文（命題）は考え（思想）の表現」とを同じ構造（内側から外側へ）だと考えてしまうと、文はそれを表現する人の内側の状態の表出ということになってしまう。あたかも気分を表明しているかのように。

ウィトゲンシュタインは、この陥穽に落ちてしまった人に対して、皮肉めいたことを最後にいう。

いわば思考の道具立てのなかでのみ可能であって、胃袋のなかでは無理とでもいうように。（317）

この「思考の道具立て」（Denkapparat）をどう解釈するかによって、この文は、二通りの解釈ができるだろう。ウィトゲンシュタインも、「いわば」（sozusagen）という言い方で、この「思考の道具立て」ということばが、比喩的なものであることを示している。ドイツ語のApparatは、いろいろな意味をもつ名詞だ。ざっと意味を挙げてみよう。「器具、装置、装備、仕組み、組織、器官、仕掛け」といった意味がある（『独和大辞典』小学館、二〇〇七年）。この文脈では、「装置、装備」と「器官」の二つの意味で解釈してみたい。

うがちすぎかも知れないが、ウィトゲンシュタインは、この二通りの解釈を重ねて提示しているように思われるからだ。つまり、この「思考の道具立て」という語は、二通りの意味をもち、その二通りの意味が二重化しているのではないか、ということだ。その二重化によって、文全体も、二重の意味にとることができるのではないか。

まず、「器官」という意味での「思考の道具立て」（Denkapparat）について考えてみよう。そういう意味だとすると、このDenkapparatという語は、「思考器官」と訳せるだろう。つまり、「脳」のことだと解釈できる。

最初に確認しなければならないのは、胃痛や歯痛は、それぞれ場所をもっている（胃と歯のある場所）ということだ。ところが、それに対して、「考え」（思想）の発生場所（こういうものがあるとしての話だが）は、はっきりとは特定できない。「思考」は、〈痛み〉のように外側から場所がわかるような状態ではないからだ。

痛みであれば、痛覚が特定の場所を教えてくれる。〈ここ〉が痛いと本人にわかる。しかし、思考はそうではない。思考の場所は、はっきりしていない。たしかに、脳で思考活動がおこなわれていると一般にいわれているので、脳がその場所である可能性は高いだろう。ただ、痛みがそうであるように、思考しているときに何らかのはっきりした刺激を大脳が感じるわけではないので、場所を特定することはできない。しかし、胃痛を胃のなかで感じるほどたしかなものではないだろうが、（おそらく）大脳のなかで思考活動がおこなわれていることはたしかだと思われる。もちろん、それは仮定にすぎないのだけれども。

このように、「思考の道具立て」を脳と考えるのであれば、「ただし、いわば思考の道具立てのなかでそうなのであって、胃袋のなかでそうなのではない」というのは、どのような意味になるのだろうか。思考の場合は、他人に伝える「気分」は、悲鳴の場合のように、はっきりと特定の場所にある痛みを表現しているわけではない。それは、たとえば「胃袋」といったわかりやすい場所にはない。それに表現されているものは文（命題）なのだから、直接こちらに伝わるものでもない。「思考」と「文（命題）」との関係は、痛みと悲鳴との関係のように、直接的で、しかもわかりやすいかたちで関係してはいない。

「思考の道具立て」が脳だとしても、痛みと悲鳴との関係とは、ずいぶん異なる関係だといわざるをえない。「胃袋がしくしく痛む」といったように、「大脳でどんどん思考が進む」といった感覚を、われわれがもつわけではない。やはり、「悲鳴は痛みの表現」と「文（命題）は考え（思想）の表現」という言い方を並べると、大きな錯覚がそこに生まれるといわざるをえない。

それでは、もう一つの解釈は、どうだろう。これは、「思考の道具立て」を、脳ではなく言語や論理と考える解釈だ。Apparatの「装置、装備」あるいは、「組織、仕掛け」といった意味合いで解釈するのである。このように考えれば、ここでウィトゲンシュタインが強調したかったのは、「文（命題）」というのは、われわれの内部から表出されるというよりも、誰もが共有している「言語形式」によって生まれるということだろう。

たしかにわれわれは大脳を使って思考をしているのかも知れない。しかし、われわれにたしかなことは、表現されたことばであり文であり命題なのだ。悲鳴が、誰の耳にも知覚できるように、文は、誰でも見ることができる。話されれば、誰もが聞くことも可能である。その文が目にした人の母語で書かれていれば、その内容の理解も可能だ。そういう意味で、「文（命題）」は公共的なものなのである。

このように考えれば、ここでいわれている「思考の道具立て」を言語形式、論理形式と考えることもできるだろう。「思考の道具立て」を、われわれがもっているから、文でほかの人に自らの気分を伝えることもできる。悲鳴が痛みを表現するように、文（命題）は考えたことを表現している。ただし、痛みが身体の部位に特定できるのとはちがって、思考はわれわれの言語によって表現される。だから文（命題）は、胃のなかではなく「思考の道具立て」、つまり、言語のなかにあるということになるだろう。

たしかに大脳という「思考の道具立て」がなければ、われわれは考えることができない。ただ、それと同時に、言語という公の「思考の道具立て」がなければ、文（命題）は決してでてこない。「誰のものでもなく、誰のものでもある」言語というわたしたちの共有財産（装置、道具）があるからこそ、「文」はあらわれる。

このように考えれば、「文（命題）は考え（思想）の表現」という言い方は、「悲鳴は痛みの表現」という言い方と形式は同じであるけれども、二重化されることによって、大きな内容のちがいをもつことになる。したがって、この二つの文を同じようなものだと見なすのは、「文法による錯覚」のわかりやすい例になるだろう。

三、考えの速さ（第318節、第319節）

考えることと話したり書いたりすることとの関係は、どうなっているのか。第317節の「文（命題）は考え（思想）の表現」という言い方を受けて、つぎの第318節では、思考と言語との関係が問題になる。

少し脇道にそれよう。これは、ウィトゲンシュタインとは別の話だが、たとえば、授業をしているとき、つぎつぎと話題を変え、さまざまな角度から哲学の話をする。途中意味のないギャグを入れすべりつづける。このとき、話す内容をあらかじめ考えているわけではないし、考えながら話をしているわけでもない。これは、わたしだけではなく（すべるのは、わたしだけだろうが）誰でもそうではないかと思う。気のおけない友人と久しぶりに会って、積もる話をするときもそうだろう。とにかく「話をしている」だけではないのか。話を考えたり準備したり、つまり、あらかじめ頭のなかで文章をつくったりはしていない。この「話すだけ」という状況は、いったい何を意味しているのだろうか。

さて、もとの道に戻ろう。ウィトゲンシュタインは、つぎのようにいう。

われわれが考えながら話したり、あるいは書いたりしているとき、——われわれは普段そうしている、とわたしは思うのだが——一般に、われわれは話すよりも速く考えている、などとはいわないだろう。(318)

最初に書いたように、たしかにわたしたちが話をするとき、あるいは、書くときでも同じだと思うのだが、考えながら話したり書いたりしているわけではない。ただただ話したり書いたりしていると思う。だからここでウィトゲンシュタインが、「考えながら話したり書いたり」(denkend sprechen,oder auch schreiben)と書いているのは少し違和感を覚える。ただ、話すことと書くことが、考えることとまったく一致していて、それを分離することができないという意味なのであれば納得できないこともない。だから、ウィトゲンシュタインがつぎのようにつづけるとき、これはたしかなことだと思えるのだ。

考え(思想)は、この場合、表現から剥離されていないように見える。(318)

考え(思想)と表現とは、離れていない。そして、表現されることによって、思考内容があとから確認される。これは、わたしだけだろうか。口にだすことによって、あるいは、紙に書くことによって、初めて自分自身が考えていることがわかるような気がするのだ。

だが、ここでウィトゲンシュタインは、そこまではいっていない。さらにつぎのようにつづける。

　しかし他方、人は考え（思想）の速さについても語る。ある考え（思想）が稲妻のごとく頭にひらめくとか、問題が一瞬のうちにあきらかになるとか、などなど。（318）

たしかにわれわれは、このような言い方をする。たとえば、数学の問題をずっと考えつづけているとき、瞬間的にその問題がわかるときがあるだろう。あるいは、詰将棋を解いているとき、詰めあがり図が突如脳裏に浮かぶこともある。複雑な考えが一挙に降りてくるような経験は、誰しもあるにちがいない。そのことをウィトゲンシュタインはここでいっているのだ。それについて、さらにつぎのようにコメントする。

　ここで当然、つぎのような質問が浮かんでくる。稲妻のように考えるときには、考えながら話すときと同じことがおきているのだろうか、――たんに、きわめて加速されているだけなのか。つまり前者の場合、いわば時計のぜんまいが一気に回るのだが、後者ではことばがブレー

キになって、一つずつ回っていくのか、という問だ。(318)

たしかに詰将棋の問題が、一気に解けたと思ったとき、一つひとつの指し手が、高速で指されたかのような印象を受ける。しかし、その場合でも、やはりあとから、一手一手もう一度確認しなければ、正解かどうかはわからない。この二つの段階をどう考えればいいのだろうか。

わたしが、(たとえば、31手の)詰将棋の問題を解けたといったとしても、その詰め手順を一手一手ゆっくり説明しなければ、誰も、わたしが本当に解けたとは認めないだろう。やはり、一手一手万人が確認できるやり方で示さなければ、思考の内容は認められない。高速で凝縮された思考は、速度をゆるめて、いわば解凍しなければ、その思考内容をたしかめることはできない。

このように考えると、たしかに高速で凝縮された思考があるのかも知れないが、しかし、その思考が、高速で凝縮されたものであったことを認めるためには、ことばによって一歩一歩ゆっくり話したり書いたりしなければならないということだろう。やはり、公の場で誰もが確認できる話や文章から逆にさかのぼって、〈思考〉そのものへと向かうやり方しかないということになるだろう。

これは、内的体験と外的表出、痛みと叫びなどについてのウィトゲンシュタインの一貫した主張だといえる。複数の人間が参加している言語ゲームの現場から、かならず出発するというやり方である。

さて、つぎの第319節は、どうだろうか、引用してみよう。

わたしは稲妻のようなスピードで、一つの考え（思想）を、わずかなことばや線でメモできるのと同じように、眼の前で見たり、理解したりすることができる。

どうしてそのメモは、その考えの要約になっているのだろうか。（319）

将棋のプロ棋士は、一瞬で何十手も先まで読める。何十手も先まで読めるということは、相手の応手もふくめれば、膨大な数の手を読んでいることになるだろう。ある盤面での最善手を、たとえば2、3手直観するとき、プロ棋士は、稲妻のごとく何十手先の盤面を何種類も自分の眼前にまざまざと詳細に見て理解していることになる。

ここでいう「メモ」は、プロ棋士の直観の手がかりとなる盤面（どのようなものかは、本人にしかわからない）だといえる。そのような手がかりは、どのようにして実際の読み手をあらわしていることになるのか。それはもちろん、具体的な指し手の再現（頭のなかであろうと、実際の一局の指し手においてであろうと）においてである。つまり、具体的に指してみなければ、最初の稲妻のようなイメージの正しさは確認できないのである。対局の相手も知覚できる盤面に具体的に再現する（という言い方が適切であるかどうかわからないが）しかない。

したがって、この「メモ」が、「考え（思想）の要約」になるのは、実際の思考のプロセスを言語によって話し書くことによってだ。やはり、具体的場面で言語化され、多くの人によって知覚され認識されなければ、わたしの「メモ」は、思考とかかわりをもつことはできない。

四、突然理解する（第321節、第322節）

第321節を見てみよう。

「ある人間が突然理解するとき、何がおきているのか」――この問はたて方が悪い。（321）

「問のたて方が悪い」というのは、どういうことだろうか。これは、第316節につながるだろう。第316節でいっていたのは、「考える」という語の意味をはっきりさせるために思考している自分自身を見つめても、何の役にもたたないというものだった。語の意味は、語が使われている場所ではっきりするはずだからだ。ここでも同様のことがいえるだろう。

「ある人間が突然理解する」ということばの意味を知りたいのなら、われわれの日々の言語ゲームにおいて、「突然理解する」という語がどのように使われているのか調べるのでなければならない。だから、「突然理解するとき、何がおきているのか」と質問しても意味がない。したがってウィトゲンシュタインもこういう。

これが「突然理解する」という表現の意味をたずねているのなら、その答は、「突然理解する」と呼ばれているプロセスを指すことではない。（321）

そして、もしこの問が何らかの意味をもつのであれば、つぎのようなものである、とウィトゲンシュタインはいう。

この問は、こういうことかも知れない。突然理解する場合、その徴候は何だろうか。突然理解するときにあらわれる特徴的な心的随伴現象とは、どういうものだろうか。（321）

「突然理解する」ということばの意味は、いくらそのような現象に着目したところで、決してわからない。それでは、もしこの問が意味をもつとすれば、それは、この「突然理解する」という出来事の徴候が何であるか、あるいは、「突然理解する」ときの特徴的な心的随伴現象（die charakteristischen psychischen Begleiterscheinungen）は、どのようなものか、という問である場合だという。

一つひとつ見てみよう。「徴候」というのは、何だろうか。「突然理解する」という出来事がおきたときに、誰にでも（とくに本人だろうが）たしかめることのできる現象ということだと思う。つまり、誰かが「突然理解した」ときの独特の表情であるとか、身体の仕種であるとか、そういう類のものだろう。たしかに、そのようなものを誰もが知覚できたしかめることができるのであれば、冒頭の問には意味がある。

しかし、つぎの文は、何を意味しているのだろうか。「突然理解する」ということに「特徴的な心的随伴現象」とは、どのようなことを意味するのか。まず、なぜ「随伴現象」なのだろうか。

もし、「突然理解する」という現象が心的な現象であれば、それこそが「突然理解する」ということに「特徴的な心的随伴現象」ということだろうか。「突然理解する」という「心的な現象」ということだ。もし、本当に「特徴的な心的随伴現象」（随伴しておこる心理的な現象）という意味でいっているのであれば、「突然理解する」というブラックボックス的な現象があり、その現象に随伴する別の「心的現象」があるということになってしまう。しかし、「突然理解する」も心的な現象であり（おそらく）、それとは別の、それに付随する現象も心的なものであれば、誰にも確認できない（もしかしたら本人だけにはわかるのかも知れないが）現象が二重に存在していることになる。

しかし、これは、いたずらに事態を複雑にしているだけのように思われる。それでは、こういう解釈はどうだろうか。「心的な随伴現象」を「心的な出来事に随伴しておこる身体の現象」と解釈できないだろうか。「随伴現象」にかかる「心的な」という形容詞を、「心的な出来事にかかわる」と考えるわけだ。このように解釈すれば、その「随伴現象」は、誰にでも確認できる身体的な現象だということになり、いっていることはかなり明確になるだろう。直前の「徴候」とも、問題なく意味として対応することになる。

あるいは、素直に「心的な随伴現象」を心的な出来事と解釈して、ウィトゲンシュタインのこの二通りの問いかけ（「徴候が何であるか」と「心的な随伴現象がどのようなものか」）の前者のみが、問うに値するものであり、後者は無意味な問なのだ（「突然理解した」という現象をブラックボックス化するので）ということを、暗に示していると考えるべきだろうか。いずれの解釈も可能であるように思われる。

さらに（　）をつけて、ウィトゲンシュタインは、つぎのように補足していう。

たとえば、ある人が自分の顔の表情の動きとか、心情の揺れに特有の、呼吸の変化とかを感じていると想定する根拠はない。（321）

何か内的な現象がおきたとき（「突然理解した」など）、表情の動きがあるとか、呼吸の変化などを感じたとしても、それが内的な現象と関係すると特定する根拠はない。どこにも証拠はないし、この二つの現象のあいだで因果関係はないからだ。というよりも、そもそもたとえば「突然理解した」という出来事がおきたことを確認するすべはどこにもない。因果関係どころか、（原因の可能性のある）片方の現象をたしかめることもできない。このように考えれば、先ほどの「心的な随伴現象」の解釈の際にでてきた「ブラックボックス」という概念がかなり重要になるだろう。「突然理解した」などの心的出来事は、誰にもたしかめられない「ブラックボックス」なので、そこから出発して、あるいは、それを手がかりとして議論するのは、とても難しいのだ。だからつぎの文がくる。

たとえその人が、それに注意も向けるやいなや、それを感じるとしても。(321)

この「それ」は、両方とも、表情の動きと呼吸の変化である。つまり、本人がそれに気づいてそれを感じるのは、あくまでも具体的な表情や呼吸なのだ。具体的に物質的な変化として「表情」が動き「呼吸」が変化しなければ、本人も気づかない。しかも、その気づき方は、たしかに自分自身の身体ではあるが、自分が制御することのできない「筋肉」や「呼吸器」である。

このように考えると、こういえるだろうか。わたしの心的な体験である「突然理解する」というのは、ある意味でブラックボックスであり、誰もそれを確認できないし私的な体験として外部にあらわれることはない。たしかめることは不可能なので、その存在も覚束ない。そうなると、われわれが「突然理解した」とき、それをたしかめるのは、その理解した内容を言語化したり数式化したりして、ほかの人たちに説明できたときということになるだろう。そして、その説明がちゃんとしたものであれば、その人は「突然理解していた」とほかの人に認められる。ようするに、言語ゲームのなかで、その理解した内容が正しく流通すれば、その時点からさかのぼって「突然の理解」も認められるだろう。しかし、この方向が逆になることは決してない。かならず言語ゲームという公《おおやけ》の場から、内的な出来事への方向しか認めることはできない。このようにウィトゲンシュタインはいうだろう。

つぎの節は、最初にすべて引用しよう。

> 「突然理解する」という表現の意味をたずねられても、いまのような説明では答にならない場合、理解するということは、定義できない特殊な経験なのだなどと、まちがった結論になってしまう。しかし忘れられているのは、わたしたちが関心をもたなければならないのは、質問の方だということだ。どのようにしてこれらの経験を比較しているのか。何をこの出来事の同一性の基準としてわれわれは定めているのか。(322)

この節では、ある意味で、前節を説明したときにわたしが用いた「ブラックボックス」という比喩をウィトゲンシュタインに批判されていると考えることもできるだろう。「突然理解する」という心的な（知的な？）出来事を、「ブラックボックス」と名づけることによって、「理解するということは、定義することのできない特殊な経験なのだ」とあたかもいっているみたいだからだ。〈誰にもわからない言語化できない経験〉というわけだ。

しかし、もちろん、「ブラックボックス」は、そのような意図でいいたいわけではない。「突然理解する」という経験が、誰でも納得できるかたちで（公のものとして）言語ゲームのなかに登場しないという意味で、「ブラックボックス」といったのだ。なぜ登場しないかというと、この体験は私的なものであり、ことばにしてしまうと、〈体験そのもの〉とはまったく異なるものになるからである。この体験を、誰にもわかるかたちで（非ブラックボックス化して）提示することはできない。だから、「比較したり、同一性の基準を定めたり」はできないのである。そもそも、それ（「ブラックボックス」）を指示することができないのだから。

以上のことを確認したうえで、この「ブラックボックス」という言い方について考えてみよう。その対象をしっかりと特定できないという意味で、「ブラックボックス」という比喩的な言い方をした。しかし、このような言い方をすることによって、ある「ボックス」が登場してしまう。たしかに「ブラック」なものなので、よくわからないものとはいえるだろうが、「ボックス」といってしまうと、どうしても物質的な箱を対象化してしまう。「ボックス」がそこにあるようなイメージをわれわれはもつ。

これは、第293節の「かぶと虫の箱」と同じだろう。〈痛み〉という私的なものが、ほかの誰によってもたしかめられないという議論をするために、ウィトゲンシュタインは、「かぶと虫の箱」という比喩をもちだした。それぞれの〈カブトムシ〉(〈痛み〉)は、本人にしかわからないので、「かぶと虫の箱」に本当に〈カブトムシ〉が入っているかどうかはわからないというわけだ。しかし、箱(Schachtel＝box)は存在している。なかが空っぽであろうと、猫が入っていようと、ノコギリクワガタが入っていようと、チョコが入っていようと、箱は厳然と存在している。つまり、「かぶと虫の箱」は、対象化できるのである、「箱」として。

それとまったく同じ意味で、「ブラックボックス」も「ボックス」(箱)である以上、箱として対象化できイメージできる。このことによって、「突然理解する」という現象を「ブラックボックス」という比喩で説明することには、大きな危険がともなう。ところで、この「箱」「ボックス」(Schachtel)というのは、いったい何だろうか。たしかにこの「箱」(ボックス)は、誤解を生むような比喩であり、議論にしなければならない対象ではある。しかし、この「箱」＝「ボックス」なしで、われわれはそもそも議論ができるのだろうか。

察しのいい読者はおわかりだろうが、この「箱」や「ボックス」は、言語とまったく同じ働きをしているのである。どんなに「突然理解する」という現象が、「比較できず、同一性の基準を定められない」ものであったとしても、「突然理解する経験」とことばにすることができるだろう。「かぶと虫の箱」であれば、同一のものなのか、あるいは空っぽなのかさえわからないけれども、〈痛み〉という語で対象化できてしまう。そもそも「わからないもの」という語で、〈わからないもの〉を対象化できてしまうのだ。

これが、本当の言語の恐ろしさである。どんなものでも、ことばにできる。そして、ことばにしたとたんに、「誰のものでもなく、誰のものでもある」ものになってしまう。身近なものであるかのように見せかけて（対象化することによって）、実は、一番遠いものになってしまう（手の届かない公共財産）。これもまた、「文法による錯覚」である。

五、言語は思考の乗り物（第327節～第329節）

第327節を見てみよう。ここでは、ふたたび「話すこと」と「考えること」との関係が話題にのぼる。まず、どちらの立場にもたたない中立的な問が提出される。

「話さないで考えることができるのか」（327）

さんざん検討してきた問だ。思考などの内的な体験は、それが言語化されて、それを手がかりにして過去にさかのぼるしか、その存在（体験そのもの）に向かう方法はない。そうすることによって、〈思考らしきもの〉にたどり着くということだった（あるいは、その方向線だけたどれる、といった方が正確かも知れない）。

この問いかけに対して、ウィトゲンシュタインは、いつものように反問で答える。

では、考えるとはどういうことなのか。（327）

そもそも「考える」とは、どういうことなのか。「話さないで考えることができるかどうか」という問をもちだすと、「考える」というのが、どういう状態なのか知らなければ、この問に答えることはできない。「話す」という行為は、誰もが確認でき知覚可能だ。ある人が話している、または、自分が話すのは、誰にでも聞こえるし、その内容も（それが母語であり、それほど難しくない内容であれば）、自然にわかるだろう。

しかし、「考える」の方はどうだろうか。その状態をどうやって特定するのか。そこでウィトゲンシュタインは大真面目に「考えるとはどういうことか」と質問する。ところが、相手は、この正面からの問いかけの重要性がわからず驚いた様子でつぎのように答える。

じゃ、あなたはまったく考えないのか。自分を観察して、どういうことがおきているのか、見ることができないのか。それは簡単なはずだ。それをあなたは、天文学が対象にする出来事を待つように待つ必要はないし、大急ぎで観察したりする必要もない。（327）

相手は、何をいまさらいってるんだよ、といいたげに応答する。「考える」とは何かなどという問が馬鹿げているとでもいわんばかりなことをいう。簡単なことだし、自分を観察すればすぐわかるだろう、というわけだ。日蝕や月蝕みたいに、稀におこる出来事でもないし、その出来事がおこるのを待っていて素早く観察する必要もない。だって、毎日毎瞬、われわれは考えているのだから、それを観察すればすむことではないか、というのである。この相手に対して、ウィトゲンシュタインは、どう答えるのだろうか。

相手は、「考える」のがあたかも、誰でもすでによく知っている状態であるかのようにいう。それを観察するのは簡単なことであり、誰にでもすぐできることだというのだ。しかし、「考える」というのが、もし、それぞれの人間の内部で生じている経験や出来事なのであれば、そうはいかない。それぞれの人間の思考をとりだして比較して、ある基準をつくって、「これは思考であり、これは思考ではない」などと検討して、最終的に「思考とはこういうものだ」という結論をださなければならないからだ。しかし、そんなことは絶対にできないだろう。他人の内側をじっくり見ることができる人間などどこにもいないのだから。

そうなると、「話さずに考える」という行為は、「考える」ことにたどり着く唯一無二の手がかりがまったくなくなった状態だといえる。その状態で、純粋な「考える」を把握しようというのは、他人の内側へ他人ではない状態でたどり着かなければならない。ようするに不可能な試みをなさない限り、とうていできない行為になるだろう。

そのように考えれば、手がかりがまったくなくなった「話さずに考える」という状態で、「考える」という行為そのものを吟味するためには、「考えるとはどういうことか」という根本的な問から出発するしか手はなくなるのである。外側からの、つまり公の（誰もが確認可能な）場からのヒントもきっかけもなしに、素手で「考える」を突きとめなければならなくなるからだ。しかし、これは、かなり難しい作業となるだろう。

つぎの第328節は、ウィトゲンシュタインの質問から始まる。

さて、どういうことを「考える」と呼ぶのだろうか。(328)

前節で、相手が「考えるとは何か」などという問はおかしい、わたしたちは、いつも考えているのだから、それをチェックすれば、誰でもわかるはずだという。しかしウィトゲンシュタインにとって、「考える」という行為は、そのような暗黙の前提のようなものではない。自他の非対称性というわれわれのあり方からすれば、「考える」という行為を、誰もが納得できるかたちでとりだし定義することは決してできない。だから、この節の冒頭で改めて正面から「どういうことを「考える」と呼ぶのだろうか」と問うのである。前節のような答え方では、「考える」について何も答えてはいない、というわけだ。そして、さらに、つぎのようにつけくわえる。

何のために、このことばを使うことを学んだのだろうか。（328）

「考える」という行為そのものと正面から取り組むのは難しい。どんな行為なのかについて、万人に共通の基準は存在しないからだ。他人の「考える」行為を観察することはできないのだから、「考える」行為がどのようなものなのか、定義し議論することはできない。

だったら今度は、そもそもそのような曖昧模糊とした〈考える〉という行為ではなく、「考える」という語に目を向けてみようというわけだ。語であれば、誰もがたしかめられるからだ。そして問は、なぜ、そのようにはっきりしないものに対応する語が、そもそも存在するのか、ということになる。万人に共通の基準もなく、はっきり確認もできない行為なのに、一括して「考える」という名がつくのは変ではないか、というわけだ。このように「考える」という語から出発すれば、すくなくともわれわれは考察の手がかりを手にすることができるし、誰でも参加できる議論ができるだろう。言語は誰にでも確認することができるものだからだ。

それでは、どのようにわたしたちは、「考える」という語を使うのだろうか。たしかにわれわれは、「考える」という語をもっている。そして、その語を何のためらいもなく使う。しかし、前節で議論したように、〈考える〉という行為をとりだして、誰もが納得できるようなやり方で検討することができないのだから、たとえば、「自分は考えた」という言い方をした場合、その使い方が正しいかどうか調べようがないではないか。この「考える」という語の使用が、正しいとかまちがっているとか、そもそもいえるのだろうか。

ウィトゲンシュタインはつぎのようにいう。

> わたしが自分は考えた、というとき、――わたしはいつも正しくなければならないのか。――その場合、どのような種類のまちがいが存在するのか。「わたしがいまやったことって、本当に考えることだったのか。勘違いしているんじゃないのか」と質問するような状況があるのだろうか。（328）

〈考える〉という行為そのものが、どのようなものかはっきりしないのに、なぜかわれわれは「考える」という語を、日ごろからいろいろな場所で使っている。そうすると、この「考える」という語を正しく使っているかどうか、まったくよくわからずに、誰もが「考える」という語を闇雲に使っていることになるのだろうか。

最後によくわからない事例をウィトゲンシュタインはくわえる。

> 誰かが、考えている途中で測量をする場合、測量しながら自分に話しかけなかったら、考え

ることを中断したことになるのだろうか。(328)

これは、どういう例なのだろうか。たとえば、つぎのようなことなのか。高校生が幾何学の問題を解いていて、ずっと考えこんでいる途中ではっと気づき、問題文の図形を定規で測る。そのとき一言もことばを発せず、図形を測ったとすれば、それは思考の中断になるのか、といったことなのか。このような事例をウィトゲンシュタインは、ここでだしていると考えてみよう。

その高校生は、ずっと問題を考えつづけていて、図形を測れば、その問題の解決に近づけると思い図形を測る。この図形を測るという行為と、問題を考えるという行為とは重なることができるのかどうかというのだ。もちろん答は、そんなことはわからない、というものだろう。このケースではっきりわかるのは、その高校生が測量したという事実だけだ。それは、誰もが見ることができる行為だからだ。

そのほかのその高校生の内部でおきていた出来事についても誰にもわからない。その問題を解いている最中に、ずっと話しつづけていれば、なるほど、しゃべっている内容を考えていると予想はできる。だが、もし黙ったままで問題文をにらんでいるだけの場合には、その人の思考については、誰も何も決してわからないことになるだろう。測量以外の思考も結局はわからない。

だから、自分が実際に考えていた、といっても、それが本当に思考だったのか、妄想だったのか、心配していたのか、瞑想していたのか、誰にも、もちろん本人にもわからない。何といっても〈考える〉という行為がどのような行為なのか、誰も知らないからだ。それは、万人にとって「ブラックボックス」なのである。

第329節は、これまでの議論の結論が述べられる。

言語で考えているとき、わたしの頭には、言語表現のとなりに「意味」が浮かんでいるのではない。言語そのものが思考の乗り物なのだ。(329)

前にも書いたことだが、たとえば、「万年筆」という語の意味は、対象(万年筆そのもの)であるとか、イメージ(万年筆のイメージ)であるとか、思考内容(万年筆の概念)であるとか。いろいろなことがいわれる。しかし、「万年筆」(マンネンヒツ)という語(文字でも音でもいい)をまったく使わずに、「万年筆」の〈意味そのもの〉を考えてみようとしても絶対にできないだろう。「万年筆」という語を成りたたせるイデア的なもの、あるいは〈純粋意味〉的なものを想定するにしても、「万年筆」という字や音(デリダの用語でいえばécriture)がなければ、まったく手がかりがなくなるからだ。物質的な字や音がなければ、絶対に「意味」にはたどり着かない。「万年筆」という語がなければ、われわれは〈万年筆〉という意味(存在すると仮定して、かつ、それがどんなものであれ）はつかめないのである。

だからウィトゲンシュタインがいうように、言語と意味は、決して離れてはいない。不可分なものなのだ。ただし、「意味」がどのようなものであるのかは、まったく別の話である。ここでいわれていることは、語を離れては「意味」はない、ということだけである。

そしてわれわれは、意味のある思考をしているとき、かならず言語を使う。意味は言語と不可分であり、思考と言語は二人三脚なのだ。これが、言語は思考の乗り物という意味である。ただ、言語がどういう乗り物であるのか、思考がどういう乗り手なのかは、さっぱりわからない。思考が言語という乗り物に乗っていることだけはたしかなのである。ようするに「言語は思考の乗り物」ということだけは、はっきりしているということだ。そして、思考は決してこの乗り物から降りることはない。思考はいつも言語に乗っている。

六、思考と言語は分離できるか（第330節、第331節）

思考と話すこととの関係を、ウィトゲンシュタインさらにつぎのように考察していく。

考えることとは、話をするようなものなのか。考えることとは、考えながら話をすることを、考えないで話をすることから区別するようなものだ、とよくいわれる。――その場合、考えることとは、話すことに随伴しているように思える。ひょっとしたら、別のものに随伴することもあるが、一人で流れることもある出来事（プロセス）。（330）

これは、前に指摘した問題ともかかわってくるだろう。わたしたち（すくなくともわたし）が話すとき、思考が随伴しているとは、とても思えない。思考せずに話しつづけているようだ。このことを問題にしているのである。ようするに、われわれはただ話しているだけではないのか、という問題だ。ここでウィトゲンシュタインは、「考えながら話をする」ことと「考えないで話をする」ことを人々は区別しているという。このような言い方を一般的にするとき、「考えることは、話すことに随伴している」ように思われるともウィトゲンシュタインはいう。一般的な言い方から、多くの人の思いこみを指摘していく。

その思いこみは、「考えること」と「話すこと」とをわけることができるというものだろう。もちろんウィトゲンシュタインは、この二つを明確にわけることはできないという立場だ。このことを、はっきりさせるために、つぎのような例をだして説明していく。

「ペン先がずいぶん丸くなった。でもまあ、書けるな」というセリフをいってみてほしい。まず、考えながら。つぎに、考えないで。それからことばなしで、思考内容だけを考えて。(330)

さて、まず最初の「考えながらセリフをいう」のところから、わたしはつまずいてしまう。それこそ「考える」とは、どういうことなのかと思ってしまう。このセリフをいうとき、果たしてわたしは考えているのだろうか。たしかに、このセリフの意味はわかる。それも、このセリフを読むことによってわかる。読んでいるあいだだけわかるというのは、いいすぎかも知れないが、しかしわたしの場合は、実は、この言い方が一番実情にあっているような気がする。

「ペン」のニュアンス、「ペン先」の「先」のニュアンス、「丸くなった」の意味の重層性(ペン先と人間の性格やさまざまな物や事が重なっている)、「でもまあ」の軽い感じ、「書けるな」の少し強い感じ。これらのことをすべて「考える」というのは、どういうことなのか。本当によくわからない。だから、このセリフをいう（読む）ことによってしか「考える」ことはできない。ただ、そのときの「考える」だけを、「セリフをいう」こと全体から抽出しろといわれても絶対に無理だ。

さらにつぎの「考えないでセリフをいう」というのは、どうだろうか。これも、かなり難しい。たしかに普段の会話や授業では、考えることなくべらべらしゃべっている。ただしゃべった直後から、その音を内側からとらえながら「意味」とでもいえるものが蓄積されていく。自分の発話の余韻のなかに意味が残像として残っていくといった感じだろうか。ただそれも、ことばはともなっている。すくなくともわたし自身の発話における状態は、そのようなものだ。何も考えないで、つい口にしたとたんに、その直後に「しまった、失言した！」と思うのも、このメカニズムだ。

だから、「考えないでセリフをいう」というのは、できるつもりではあるが、考えのようなものが、セリフをいった直後からセリフを追いかけていく感じなので、「考える」と「セリフをいう」との時間順序が逆なだけだ。つまり、「セリフをいいながら、時間差があって考えている」（しかし、それもことばと一緒に）とでもいえる状態である。あくまでも「セリフをいう」が先なのだ。

さらに「ことばなしで思考の内容だけを考えて」というのは、わたしには絶対無理である。「ことばなしで思考の内容」とはいっても、先の述べたこまかいニュアンスまでをふくめれば、とてもじゃないが、このセリフをセリフなしで、その思考内容だけを考えるなどということはできない。

しかも、こまかいニュアンスは別にして思考内容だけといわれても、やはり「ペン先」や「書ける」という語を思い浮かべなければ、〈内容そのもの〉を、何の手がかりもなしに心のなかに浮かべるなどということは思いもよらない。ある種の変性意識になるか、あるいは魔術的手段をとるか、日常の状態とはまったく異なる状態にならなければありえないことだと思われる。しかも、内容が頭に浮かんでいることに自らは気づけないかも知れない。気づくためには、やはり、その〈内容〉を言語化しなければわからないからだ。これは、わたしだけの個人的事情だろうか。そうではないと思いたい。

さて、ウィトゲンシュタインは、つぎのようにつづける。

そうやりながらわたしは、ペン先を調べ、顔をしかめ、――しょうがないなという身振りをして書きつづけるかも知れない。（330）

これは、思考内容だけを考えるのは、手がかりがまったくないので、仕方なく仕種によって、その内容を再現しているケースだといえるだろう。しかしながら、この仕種をしているとき、頭のなかでは、このセリフが響いていないだろうか。このセリフを頭のなかに浮かべながら、これらの仕種や振舞をしているのではないだろうか。果たして、セリフの〈内容そのもの〉が純粋なかたちで、これらの仕種や振舞をするように指示できるものだろうか。あるいは、ただペン先を調べ、顔をしかめ、諦めた様子で書きつづけるだけかも知れない。そこに「思考内容」が関係しているかどうかなどたしかめようがない。たしかめられるのは、その様子や振舞だけなのだから。本人もわからないだろう。

たとえば、すぐれた演技力をもつ役者であれば、そのようなことが可能なのだろうか。かれ（かの女）には、身体的な意味領域のようなものがあって、ことばに頼らずに〈意味内容そのもの〉が、直接その内容に見合う仕種や振舞を、その領域に指示するようなものなのか。いやいや、これもありそうにないと思われる。仕種や振舞は、あくまでも仕種や振舞だろう。

さらにウィトゲンシュタインは、つぎのようにいう。

またわたしは、何かを測っているときに、そばで見ている人から、「二つのサイズが三番目のサイズと同じなら、たがいに同じだなと——ことばなしで——考えたみたいですね」といわれるような行動をするかも知れない。（330）

ここでウィトゲンシュタインがいっていることは、言語化すれば「二つのサイズが三番目のサイズと同じなら、たがいに同じだな」であるようなことをある種の振舞（測定行為）によってこちらに伝えているということだろうか。たとえば、三本の棒があり、一本の棒（三番目のもの）を他の二本と比べて同じだと確認し、後者の二本をじっと眺めているといった振舞だろうか。たしかに言語化された文のような〈思考〉をしていたのかも知れない。ただ、そうだとしても、〈内容そのもの〉を純粋に考えているとは想定しにくいだろう。やはり、手がかり（行動や振舞）から逆算するしか手はない。逆算したその先に、〈思考内容そのもの〉があるかどうかはわからない。

最後にウィトゲンシュタインは、この節のまとめのようなことをつぶやく。

しかしここで、考えることを成りたたせているのは、ことばが考えなしに話されるべきではない場合に、ことばに随伴しているにちがいない出来事（プロセス）のことではない。（330）

この節のテーマは、思考と言語とを分離することができるだろうか、というものだった。そして、ここまでの考察では、かなり難しいが、身振りや行動がともなえば、ことばなしの思考も想定できるのではないかということになった。しかし、ここで最後に、ウィトゲンシュタインは、そういう考えに、ある意味で、くさびを打ちこむことになる。

結論を先にいうと、たしかに振舞や仕種によって、ことばをともなわない思考そのものの存在を想定する可能性があるかも知れない。しかし、そのような可能性からでてくる「思考」は、ことばそのものとともに存在している「思考」とはまったくの別物になる、というものだ。たしかに、「ペン先がずいぶん丸くなった。でもまあ、書けるな」というセリフに触発されたかたちで、ある身振りをするのかも知れない。そして、その身振りを手がかりにして、ある〈思考〉のような内容が浮かぶかも知れない。

しかし、もしそのような内容が浮かんだとしても、それは、「ペン先がずいぶん丸くなった。でもまあ、書けるな」としゃべりながらあらわれる〈思考〉とは、まるで異なったものなのだ。なぜなら、このセリフの〈思考〉は、「ペン先がずいぶん丸くなった。でもまあ、書けるな」というものだからだ。身振りを手がかりにした〈思考〉とは、まったく別物であることは、たしかだろう。

さらにウィトゲンシュタインは、つぎの節でことばと思考の関係を際立たせる例をだす。短い節なので、全文引用してみよう。

声をださないと考えられない人を想像してみてほしい。（声をださないと読めない人もいるわけだから）（331）

もし、声をださないと考えられない人がいたら、その人にとっては、純粋に〈考える〉だけという事態は存在しないだろう。声をだすことと考えることとが同じになるわけだから、声をださずに無音で考えることはできないからだ。

それでも、〈考える〉という純粋な状態を想定する必要があるのだろうか。想定するのは、一向に構わない。しかし、その純粋な状態は、決して現実にあらわれることはないのだから、まったく無意味な概念だということになるだろう。

（ ）のなかの「声をださないと読めない人」と比較してみよう。声をださないと読めない人の場合には、いくつかの要素と段階を区別した方がいいだろう。「読む」ということの要素と段階である。まず読むための文章がある。これは誰でも確認できる公のものだ。これがなければ、そもそも「読む」という行為が成立しない。つぎに文章を読むときに多くの人がそうするように、黙読という方法があるだろう。声にださずに読む。これは「声をだして読む」の対極だ。この黙読という読み方は、その人が本当に読んでいるかどうか、ほかの人には確認できない。

そして、さらに声をだして読むというやり方がある。ここでは、もとの文章（読んでいる対象）が誰にでも確認できるのと同様に、この声もほかの人にも聞こえるのだから、公共的なものとなるだろう。そうなると、「声にださないと読めない人」がしている行為は、誰でも読めるテキスト（文章）を、誰でも聞くことができる音声に変換しているということになるだろう。だから、この行為（声をだして読む）は、とても単純でわかりやすい行為だといえる。公共的なもの（誰でも読めるテキスト）から公共的なもの（誰にでも聞こえる朗読）への変換という行為だからだ。

これと比較すると、「声をださないと考えられない」というのは、その要素や段階が、かなりちがうことがわかるだろう。まず、最も大きなちがいは、「読む」という行為を成立させるためにどうしても必要なテキスト（文章）にあたるものが、「声をださないと考えられない」という行為の方には存在していない。「読む」の基盤には万人が確認できる共通の文章があるのに対して、「声をださないと考えられない」という行為の方は、そのようなものはどこにもない。

「考える」という行為は、徹頭徹尾、個人的で私的なものだ。ほかの人が何を考えているのかは誰にもわからない。このように考えれば、「声をださないと考えられない人」というのは、自分の私的な領域〈考える〉ということ）を、つねに公のものにせざるをえない人だということになるだろう。

しかし、ウィトゲンシュタインが第329節でいっていたように、「言語そのものが思考の乗り物」なのだとすれば、思考は言語になることによって成りたつ。そして、言語というのは、「誰のものでもなく、誰のものでもある」公共的なものである。このように考えれば、たしかに声にださずに考えることを実際われわれはするだろうが、そうして考えている際に、かならず言語化された内容を思考しているのであれば、いろいろな理由から声にはだしていないけれども、「声にださないと考えられない人」と、そのあり方そのもの（あるいは、思考と言語との関係という点では）は、さほど変わらないということになるのではないか。

つまり、思考は言語化によって成りたつ。思考と言語は分離できないということだ。そうなると、多くの人は、黙って思考しているときも、言語化された文章を口にだすことなく（心のなかで）話しているだけだ、ということになるのではないか。

言語化されることによって初めて、われわれは思考の存在をあとからたしかめることができる。つまり言語化されなければ、思考していたのかどうか、誰にもわからないということになるだろう。そして、この言語の領域は、公の領域なのだから、言語が公共のものになったあとで存在が確認された〈思考〉は、ある意味で、公のものになっているということになるだろう。そして、このことは、声をだすという行為によって公のものになることと、その構造（方向性）は同じだということなのである。

しかし、よく考えてみると、この「言語化」というのも不思議な現象だといえるだろう。ある共同体に生まれ、母語をシャワーのように浴び、いったんその言語を身に着けると、われわれは、この言語化という能力を自在に使えるようになる。

文章は、あらかじめ組みたてたわけでもないのに、口をついてどんどんでてくる。つぎつぎと流れるように完成された文章が、ことばになってでてくる。ときどき、いいよどむこともあり、ことばに詰まることもあるが、普段は、連続的に文章は口をついてでてくる。

だから、この「言語化」のプロセスのどこに「思考」がかかわっているのか判断するのは、とても難しい。つぎつぎとでてくる文章の内容を、どこかの段階で〈思考している〉（考えている）とは、とても思えない。しかも、この言語化された文章とはかかわりなく、〈純粋な思考〉がどこかでなされているとはとても思えないのだ。もし〈純粋な思考〉のようなものがあるとしても、それはすくなくとも、〈わたし〉には関知できない〝どこか〟で生じているとしかいえないだろう。〈わたし〉にわかるのは、つねに言語化された結果としての文章だけであり、発言だけである。

七、心的プロセスを随伴させる（第332節）

ウィトゲンシュタインは、「考える」こととことばとの関係について、さらに探究していく。第332節の最初の文を引用してみよう。

たしかにわれわれはときおり、文に心的プロセスを随伴させることを「考える」と呼ぶ。しかしその随伴しているものを、「思考」（「思想」Gedanke）とは呼ばない。（332）

文に心的プロセスが随伴していることを時々「考える」と呼ぶことがある、とウィトゲンシュタインはいう。たしかに「言語は思考（Denken）の乗り物」（第329節）なのだから、考えている（denken）ときには、言語とともにいるというのはたしかだろう。この場合の「思考」（Denken）は、「考える」（denken）という動詞が名詞化されたもの（だから「考えること」（thinking）といった意味）である。しかし、この第332節の「思考」（「思想」Gedanke）という言い方になると（Gedankeは「考えたもの」（thought）といった意味である）、それが文に随伴しているとはいわないという。これは、どういうことだろうか。

　われわれがある文章をしゃべる。そのとき、その文は「考える」(denken)というプロセスの乗り物となっている。しかし、この乗り手(denken)と乗り物(文＝言語)とは、決してわけることはできない。そして、その文が完成されたものとなると、それは「思考」(「思想」Gedanke)となり、誰もが確認可能なものとなるということだろう。だから、「思考」「思想」は、完全に言語化した後の状態だということになる。言語化の最中には、「考える」(denken)が随伴しているが、言語化のプロセスが終了すれば、それは、「思考」(「思想」Gedanke)となり、一つのことばとしてわれわれの眼の前に存在することになる。だから、「考える」は、文章生成の途中にともなっているが、文が完成すると、それは、「思考」「思想」となるということになるだろう。完成された「思考」「思想」は、文が生成しているあいだはともなってはいない。

　しかし、ここでウィトゲンシュタインがおこなっているのは、あくまでも「文法」についての考察だといえる。ドイツ語の「考える」(denken)と「考えること＝思考」(Denken)と「考えたもの＝思考・思想」(Gedanke)という三つの語の使い方について考察しているのだ。だからこそ、「呼ぶ」「呼ばない」という言い方をしているのである。

　さて、ウィトゲンシュタインは、さらにつぎのようにいう。

ある文を口にだし、その文を考えてみてほしい。その文を理解しながら、いってみてほしい。（332）

最初は、ある文を口にだし、そのあとで、その文を考えてみるということだろう。つまり、いったあとに完成した文を考えるのだから、それは、いったあとに、改めて「思考」内容を考えるということだ。そして、今度は、その文（つまりは、「思考」＝「思想」Gedanke）を理解しながら、いってみてほしいという。

具体例をだして、このことを検討してみよう。たとえば、「わたしは、ウィトゲンシュタインの『哲学探究』についての本を書いている」という文を使って吟味しよう。この文を発話する。そして、つぎにこの文の内容を考えてみる。（もちろん、考える際には、この文を頭のなかでいうだろう）最初にこの文をそのまま話したときと、何かちがったことがおきただろうか。すくなくとも、わたしのなかでは、おきていない。いずれの場合も、「わたしは、ウィトゲンシュタインの『哲学探究』についての本を書いている」という文を口にした。ただ前者は、実際に声をだし、後者は、頭のなかでいったというちがいがあるだけだ。

たしかに後者（「文を考える」）のときには、ある種の情景もぼんやり浮かびはしたが（しかし、それが何であったかは明確ではない）、あくまでも中心にあるのは、「わたしは、ウィトゲンシュタインの『哲学探究』についての本を書いている」という文だ。

そして、つぎに「理解しながら文をいう」場合はどうだろう。これもまた、同じ文を話すということ以外にさほど異なったことがおこるわけではない。「理解」というのも、この文の内容のことなのだから、それ以外に、どこかにこの文の〈純粋理解〉(この文をともなわない理解の内容そのもの)のようなものがあるわけではない。やはり同じように、「わたしは、ウィトゲンシュタインの『哲学探究』についての本を書いている」という文を口にするだけだろう。もちろん理解しながら。

このように考えると、ウィトゲンシュタインが挙げた三種類の行為(ある文をいう、ある文を考える、ある文を理解しながらいう)は、どれも結局、同じ文をいうということになるのではないか。すくなくとも、わたしが実験した限りではそうだ。

さらにウィトゲンシュタインは、つぎのようにつづける。

今度はその文を口にしないで、あなたがその文を理解しながらいったときに随伴させていたものだけを、やってみてほしい。(332)

さて、これは、大変難しい課題だ。先ほどの文でやってみよう。「わたしは、ウィトゲンシュタインの『哲学探究』についての本を書いている」という文を、口にだすことなく、この文を口にだしていたときにともなっていたものだけをやってみる。この文を口にだしてはいけないのだから、すくなくともわたしは、何か身もだえするような感覚しかでてこない。この文の裏面というか、背景というか、どこかに何かがあるのではないかと身もだえしてしまう。しかも、この文自体は、思いだしてはいけないのだから、何もできないといっても過言ではない。

理解しながら話していたときには、かならずこの「わたしは、ウィトゲンシュタインの『哲学探究』についての本を書いている」という文が中心にあったから、この文なしで、何か残余のようなものだけをとりだせというのは不可能だ。もしかしたら、そのようなものが存在していたのかも知れないが、具体的にとりだすことはわたしにはできない。

最後にウィトゲンシュタインは、( )をつけて、つぎのように書く。

(この歌を感情をこめて表情豊かに (mit Ausdruck) 歌ってほしい。こんどは歌は歌わずに、表情だけをくりかえしてみてほしい。——するとこの場合にも、何かをくりかえすことになるかも知れない。たとえば、身体をゆするとか、呼吸にもっと緩急をつけるとか、など)(332)

この例における「感情をこめて表情豊かに」というのは、前の例における「理解」と対応していると考えていいだろう。感情をこめて表情豊かに歌を歌うという例においては、歌を歌わない場合でも、表情(こもった感情)ははっきりと残るだろう。なぜなら、表情は、それを見ているものにとって、しっかりと確認（知覚）できるものだからだ。そして、ウィトゲンシュタインがいうように、表情以外にも、身体の揺れや呼吸の緩急などもともなっているだろう。つまり、ともなっているのは、すべて外的なものであり、ほかの人たちにも知覚できたしかめることができる事柄なのだ。歌の場合には、そのような要素がいくらでもあるということになるだろう。ここでウィトゲンシュタインは、mit Ausdruck（感情をこめて表情豊かに、英訳は with expression）という言い方を実にうまく使っている。Ausdruk という名詞は、「表情」や「顔つき」という意味なのだが、同時に「（感情などの）あらわれ」という意味もあり、「内↓外」という方向性を含んだ語なのだ。

歌は歌わなくても、それらしい（確認可能な）ものは、残っているというわけだ。しかしながら、文をしゃべるというのは、これとはあきらかに異なる。そもそも「表情」も「理解」も、ある意味でことばに乗っている。歌（「歌詞」）は表情（感情のこもった）の乗り物であり、文は理解の乗り物だろう。歌を歌うからこそさまざまな感情（歌う際に高まるもの）にともない表情も変わるのだし、文をしゃべるからこそ、文の理解も成立する。

しかし、そのように同じ外的なもの（歌と文）にともなう「表情」と「理解」とは、「誰にでもわかる」と「その本人にしかわからない」という大きなちがいがある。外的で公共的なものと内的で私的なものとのちがいだ。

そして、歌の場合には、その表情と、さらにそれにともなうほかの諸々の仕種もあるだろう。それでは、文の場合はどうだろうか。「わたしは、ウィトゲンシュタインの『哲学探究』についての本を書いている」という文をことばにしないで残っているもの、つまり、この〈文の理解〉とは何だろうか。しゃべったときにともなっていたものは、何だろうか。

自信なさげな表情や困った雰囲気だろうか。しかし、これらの表情や雰囲気が、「わたしは、ウィトゲンシュタインの『哲学探究』についての本を書いている」という文を理解しながらしゃべったときにかならずともなっているとは限らないだろう。そこには、何の必然的なつながりもない。文とも文の内容とも、ましてや文の理解と必然的に関係しているとはいえない。

たしかに、このことは、歌の場合も同じかも知れない。表情や諸々の仕種をくりかえすだけでは、それが何の歌なのかは誰にもわからない。それらの表情や仕種と歌とは、必然的な関係はないからだ。しかし、すくなくとも、「表情」は誰にでもたしかめられるものなのだから、「理解」とは根本的に異なる。

したがってこの例をだすことによって、ウィトゲンシュタインが強調したかったのは、〈理解そのもの〉を文を話すことから切り離したとしても、〈理解そのもの〉は、誰にも確認できないのだから(本人にさえ、それは確信できるものではないだろう)、まったく無意味なことになる、ということだろう。

八、納得と発言（第333節）

さらに、口にだして話すことと心のなかとの関係が考察されていく。われわれがあることばを心から確信していうときと、そうでないときとでは、何かちがうのだろうか。ちがうとすれば、どうちがうのか。

ウィトゲンシュタインは、つぎのように語り始める。

「それがいえるのは、それに納得している人だけだ。」（333）

大学の授業で、そんなことはどうでもいいと思いながら、ほかの先生の手前や大学側の方針もあるので、「授業は、ちゃんと出席しなければだめだよ」などと学生にいう。こういううつろな発言をするときと、自分の若いころを思いだしながら、「二〇歳前後は、一生を決めるとても大切な時期なので、大学なんかにきて面白くもない授業を聞くんじゃない！　好きな本を読んだり、ライブに行ったり、芝居を見たりしなきゃだめだよ！　本やライブや芝居を優先しなさい！」と本気でいうときとは、何かちがいがあるのだろうか。自分のなかでは、たしかにちがいがあると思っている。だが、本当にそうなのか。

ウィトゲンシュタインは、つづけていう。

納得している人がそれをいうとき、その納得はどのようにその人を助けているのか。(333)

後者のセリフ(「二〇歳前後は、一生を決めるとても大切な時期なので、大学なんかにきて面白くもない授業を聞くんじゃない! 好きな本を読んだり、ライブに行ったり、芝居を見たりしなきゃだめだよ! 本やライブや芝居を優先しなさい!」)のように、気持ちをかなりこめていうとき、その気持ち(納得)は、何かわたしの手助けになっているのだろうか。そもそも実際のセリフ以外に、その気持ちがどこかにあるのか。セリフと気持ち(納得)は、別のものなのだろうか。

ウィトゲンシュタインは、さらに問いかける。

口にされた表現のとなりに納得がいるのだろうか。(333)

そう、この問題だ。われわれは、たしかに「気持ちをこめていう」といったり、「納得したから説明している」などといったりする。あたかも口にだしてことばをいうのとは別に、気持ちや納得がどこかにあるかのような言い方をする。しかしこれは、「気持ち」や「納得」という名詞の「文法による錯覚」だともいえるだろう。これは、いままでも、いろいろな角度から話してきたものである。名詞があれば、それに見合った〝何か〟が、あるような気になってしまうというものだ。「納得」や「気持ち」という語を文章のなかで使うと、それに対応した対象物があるような気になってしまう。

ところが、納得していようが、してなかろうが、われわれがそのとき口にすることばは、まったく同じだろう。たしかに、同じセリフでも、そのつど何がしか語調や声のだし方などが幾分異なるかも知れないが、しかし、その微妙なちがいと確信や納得との関係は誰にもわからない。本人も、しゃべっているうちにわからなくなることもある。授業で難解な理論を説明していて、あまりよく知らないことを話すときの方が声が大きく自信ありげになるというのは、同業者であれば皆うなずいてくれるだろう。

話し方だけでは、内側の状態など何もわからないのだ。とりあえずわれわれに確認できるのは、その発言の文言とそのときの振舞や仕種だけである。（　）をつけて、ウィトゲンシュタインは、つぎのように補足している。

（それとも納得は、小さな音が大きな音に覆い隠されるように、表現に覆い隠されるので、そ

の結果、納得が声高に表現されて、いわばもう聞こえなくなるのだろうか）（333）

ここでいわれていることは、その前の「表現のとなりに納得がいるのか」という問いかけに対して、「いない」あるいは「いたとしても気づかない」と答えた場合の可能性だろう。〈納得〉は、存在している（かも知れない）。しかし、実際に声にだしてことばを発しているときには、そのことばの音によってかき消されるというわけだ。すると、ここでウィトゲンシュタインが想定している「納得」は、大きな音（発話）に対する小さい音ということになるのだろうか。それとも、声をだす（表現される）と消えてしまう（隠れてしまう）心的状態といったものなのだろうか。

後者の場合だと、〈心的状態〉というのは、どうしてもつかむことのできない私的なものなので、ここではっきりと論じることはできないだろう。結局誰にもわからないからだ（つまり、何とでもいえるからだ）。一つの可能性として論じるのであれば、やはり言語化されたものということになる。発話によって消えてしまう小さな声での発言のようなもの（心のなかのことば）ということだろうか。

しかし、もしそうだとしても、その「小さな声の発言内容」は、実際の発話と同じ文になるだろう。先ほどの例でいえば、「二〇歳前後は、一生を決めるとても大切な時期なので、大学なんかにきて面白くもない授業を聞くんじゃない！　好きな本を読んだり、ライブに行ったり、芝居を見たりしなきゃだめだよ！　本やライブや芝居を優先しなさい！」という文になるだろう。まさに、この内容を確信し納得しているのだから。すると、その「小さい声の発言内容」そのものが「納得」ということになる。

しかし、それは、ただの文ではないか。ようするに日ごろわれわれがおこなっている発言と同じではないか。そうなると〈納得〉そのものは、どこにも見つからないことになるだろう。これでは、玉ねぎの芯（〈納得そのもの〉）を見つけるために、玉ねぎの皮（言語表現）をつぎつぎと剥いているようなものだ。いくら剥いても、玉ねぎの皮以外はでてこない。

最後にウィトゲンシュタインは、つぎのようなわかりやすい例をだして、この節を終わりにする。

誰かが「メロディーを記憶にしたがって歌えるようにするため、メロディーを心のなかで聞き、それを真似して歌わなければならない」といったとしたら、どうだろう。（333）

ここでウィトゲンシュタインが挙げている例は、メロディーを記憶にしたがって歌えるようになるために、心のなかでその歌のメロディーを聞きながら、それを真似して歌うというものだ。つまり、ここでは、われわれがアカペラで歌うとき、実際の歌と、そのメロディーの記憶とがならんで存在しているのか、ということが問題になっている。

たしかに、われわれがある曲を思いだそうとするとき、頭（心）のなかにメロディーを思い浮かべることがあるだろう。たとえば、バッハのゴールドベルク変奏曲を頭のなかで思い浮かべるとき、まさに、記憶のなかからゴールドベルクのメロディーがでてきて頭のなかで鳴り響く。そして、それを口ずさみ始めると、もちろん、その頭のなかのメロディーは消えるだろう。重なって鳴り響くことはない。

だから、もしゴールドベルクを記憶だけで口ずさむことができるように練習するときでも、頭のなかで聞いている最中に、それを真似して口ずさむわけではない。頭のなかのメロディーと声にだすメロディーは、決して重ならない。さらに、いったん記憶してしまえば、いきなりメロディーはでてくる。練習するときでも、いきなりメロディーがでてくるかどうかをためしつづけることになる。すべての場合で、メロディーは、「いきなり」でてくるのだ。いちいち頭のなかのメロディーと重ねてそれをくりかえし口ずさむわけではない。

そしてウィトゲンシュタインは、わたしたちの「納得」や「気持ち」と、それがともなう発言も同様だといいたいのだろう。〈納得〉が歌の練習時の頭のなかのメロディーのように（もちろん、これは無理な想定だが）、別のところに存在しているわけではなく、発言と同じものとして、いきなりでてくるといっているのだ。発言と納得は、（もちろん〈納得〉が存在するとすれば、の話だが）同時なのである。

〈納得〉や〈気持ち〉は、メロディーの記憶と同じように、実際に発言されたり歌われたりしなければ、その存在を想定することすらできない。すくなくとも、わたしたちが確認できる発言や歌声と別のところにあるわけではない。

九、「つもり」や「思い」（第334節）

さて、つぎの第334節は、われわれもよく使うセリフの引用から始まる。つぎのようなものだ。

「つまり本当は、……というつもりだったんだね。」（334）

たしかにこういう言い方は、よく聞くしよく使う。たとえば誰かが「ウィトゲンシュタインは、哲学の正規の教育を受けなかったのに、哲学の本質的問題を見つけたんだよね」といったのに対して、「そう、つまりあなたは、本当は、ウィトゲンシュタインは哲学の天才だったというつもりだったんでしょう」といったりするだろう。すると相手は、「そうそう、その通りだよ」というだろう（もちろん、否定する可能性もあるけれども）。このような会話ででてくる「つまり本当は、……というつもりだった」という言い方をここで、ウィトゲンシュタインは最初に提示したのだ。ウィトゲンシュタインは、つづけてつぎのようにいう。

こういう言い方によって、われわれは人を一つの表現形式から別の表現形式へと導いていく。(334)

たしかにこれは、われわれのよくある会話のやりとりをたんたんと記述しているといえるだろう。ある発言をしたのに対して、別の表現(「本当は、……というつもりだった」の「……」の部分)を示唆しただけなのだから、よくあることだ。最初の表現とは異なる表現へと移行することを提唱したということになるだろう。しかも、「本当は」という言い方を使って。これはこれで、しばしばわれわれが経験することであり、何の問題もない。

ところが、つぎのような事態がおこるとおかしなことになってしまう。

するとその人が本当に「いうつもりだった」こと、その人が「思っていた」ことは、われわれがそれを口にする以前からその人の心のなかにあったのだ、というイメージを使いたくなってしまう。(334)

「つもり」や「思っていた」の領域が、あたかも発言以前に存在していたかのようなイメージをわれわれがもってしまうというわけだ。ことばにする前に、そのことばによって表現される〈内容〉

そのものが、すでに存在していたかのように思いこむというわけである。逆の方向からいえば、そのような〈内容そのもの〉があるからこそ、別の表現形式が（直前の表現形式とまったく）〈同じこと〉を「意味する」ことが可能になるともいえる。

つまり、ある純粋な〈内容〉や〈意味〉がすでに頭（心）のなかにあって、それをことばでさまざまに表現していると考えてしまうのである。同じ〈内容〉や〈意味〉が、「ウィトゲンシュタインは、哲学の正規の教育を受けなかったのに、哲学の本質的問題を見つけたんだよね」という言い方と「ウィトゲンシュタインは哲学の天才だった」という文になるというわけだ。そして、その〈内容〉のより適切な表現は、「ウィトゲンシュタインは哲学の天才だった」の方だということにもなるだろう。ここでは、「本当は」という言い方が、後者の文についているのだから。

これはもちろん、ウィトゲンシュタインが全面的に否定する考え方である。だから、さらにウィトゲンシュタインは、つぎのようにいう。

一つの表現をやめて、その代わりに別の表現を採用しようとわたしたちに思わせるものには、いろいろなものがある。それを理解するためには、数学の問題の解決と、その問題を問うきっかけや由来との関係を考察してみるといい。たとえば、「定規とコンパスで角を三等分する」という概念の場合、一方では誰かが角を三等分しようとしているのに、他方では、角の三等分は

ないと証明されているわけだ。(334)

つまり、こういうことだろう。「定規とコンパスで角を三等分する」という文はたしかに存在する。一つの意味をもつ表現形式だ。しかも、一八三七年に、この問題を解くのは不可能であることが証明されるまでは、多くの人たちがこの問題を解決するために挑んだ。「解けるつもり」「解けると思って」挑戦していたのだ。しかし結局、その「つもり」や「思い」の対象は、実は存在しないことがのちにわかったというわけだ。

そうなるとこの場合は、「つもり」や「思い」の対象は存在しなかったにもかかわらず、表現形式(「定規とコンパスで角を三等分する」)だけは存在しているということになるだろう。ウィトゲンシュタインは、この例から、表現形式が存在するからといって、その「つもり」や「思い」、あるいは〈内容そのもの〉が存在するわけではないといっていることになる。

だから「本当は……というつもり」という言い方をしたからといって、本当の「つもり」や「思い」がその言い方と別に存在するわけではない。われわれにわかるのは、あくまでもそういう言い方だけであり表現形式だけなのだ。目で見て耳で聞こえるものだけしか、わからないのである。

たとえばフェルマーの最終定理のことを考えてみよう。フェルマー予想は、一九九五年にアンドリュー・ワイルズが証明するまで、多くの数学者が証明しようとしてきた。それらの数学者たちは、自らの「つもり」や「思い」を目指して証明しようとしていたのだ。しかし、ワイルズが、実際にフェルマーの定理を証明すると、それまでの数学者が目指していたものとは異なる膨大なページ数の証明があらわれた。このような経緯を考えれば、ワイルズ以外の数学者は、フェルマーの最終定理の証明を目指していたというわけではなくなるだろう。もし、ワイルズの証明を念頭において解こうとしていたのであれば、ワイルズ以前にその数学者が証明したはずだからだ。

このように考えれば、ことばや数式として、具体的に公のものにならなければ、〈それ〉の存在は、決してわからないということになる。だから、「本当は……というつもりだった」という言い方は、存在するかどうかわからないものを想定した言い方なのだ。つまり、「本当は」という概念は無意味なものになる。表現形式のちがいがあるだけで、特定の表現形式が〈内容そのもの〉をあらわしているというわけではないのだから。

十、表現が先か(第335節)

第335節を見てみよう。ウィトゲンシュタインは、手紙を書く例をだす。

たとえば手紙を書いていて——自分の考えに適切な表現を見つけようとしているとき、何がおきているのだろうか。(335)

手紙だけではなく、一般にわたしたちが文章を書くとき、自分が書きたいこと(思っていること)を的確に表現する語句や文章を探しながら書きつづける。たとえば、〈この気持ち〉をどう表現すればいいのか、いろいろと思いを巡らす。「素晴らしい」なのか、「素敵でした」なのか、「感服しました」なのか、あるいは、「感慨ひとしおです」なのか。〈自分の気持ち〉にぴったりの表現をわれわれは探すだろう。

しかし、ウィトゲンシュタインによれば、そもそも、このような言い方自体に問題があることになる。つぎのようにいう。

こういう言い方は、このプロセスを翻訳のプロセスとか記述のプロセスとかに、なぞらえている。思考が（たとえばすでに前もって）そこにあって、わたしたちはその表現を探しているだけだ、といわんばかりだ。こういうイメージは、程度の差はあれ、いろいろなケースにあてはまる。（335）

たしかに、「このイメージ」は、いろいろなケースにあてはまるかも知れない。しかし、すでに、「自分の考えに適切な表現を見つける」（「思考が（たとえばすでに前もって）そこにあって、わたしたちはその表現を探している」）という言い方をしたとたんに、「自分の考え」と「適切な表現」とをわけ、「適切な」という形容で、「思考」と「表現」という二つのものを結びつけてしまっているのだ。

あたかも、その人だけの〈心のなかの出来事〉と、誰もが共有している表現（言語）とが、「適切」という仕方で深く結びついているかのようではないか。これらのことが、「自分の考えに適切な表現を見つける」という言い方のうちに既にふくまれてしまっている。だから、この言い方は、とても危険な（誤解を生む）のである。

たしかにウィトゲンシュタインがいうように、「翻訳」や「記述」には、こうした表現は、あてはまるかも知れない。それをウィトゲンシュタインは、「いろいろなケース」という漠然とした言い方で示しているといえるだろう。「翻訳」（たとえば、英語から日本語への翻訳を考えてみよう）は、もとの言語（英語）があり、その言語の文章に、それに見合った（「適切な」）別の言語（日本語）の文章をあてはめるわけだから、対応関係は、はっきり成立している。もとの言語（英語）も、翻訳の結果の言語（日本語）も、いずれも誰もが（もちろん、その二語を知っている者に限られるだろうが）たしかめることができる公共のものだ。

「記述」はどうだろう。「記述」するためにも、まず何かもとになる風景なり、人物なり、事態なりが必要だろう。それを言語や絵画によって表現する。風景も人物も事態も、誰もがたしかめることができるもの（知覚可能なもの）であるし、それを記述する言語や絵画はいうまでもない。誰もが見たり聞いたりできるものだ。ここでも、わかりやすい対応関係が成りたっている。双方とも確認可能なものだ。

しかし、手紙を書く、あるいは、文章を書く場合は、まるっきりちがう。これまでも、さんざん吟味してきたように、〈心のなか〉や〈気持ち〉といった私的な体験や状態は、誰にもたしかめることはできない。その誰にもわからない状態を、文章に移すことができれば、〈心のこもった〉手紙といわれるのだろうか。果たしてそうだろうか。

その手紙の文章が、それを書いた人の〈心〉とどれくらい対応しているのか、あるいは、強くいえば、因果関係（〈心〉が原因で、手紙の文章が結果）があるのか、誰にもわからない。誰でも確認できる具体的な手紙のなかの文章と、〈心のなか〉とでは、あり方が根源的に異なる。どうやっても、その関係をたしかめることはできない。

だから、ウィトゲンシュタインは、つぎのようにいう。

> しかしこの場合、すべてのことがおきているわけではない。（335）

「この場合」というのは、もちろん手紙を書く場合だろう。このような場合には、「翻訳」や「記述」のプロセスでおこっていることが、かならずしも、すべておこっているわけではないというのだ。ようするに、翻訳する際のもとの言語、記述するときの対象という要素が、手紙を書く場合には欠けているのである。だから翻訳や記述のモデルで、手紙を書く場合を考えてもらっては困るというわけだ。

さらにウィトゲンシュタインは、つぎのようにつづける。

> わたしがある気分にひたっていると、表現の方がやってくる。または、あるイメージが浮かび、それを記述しようとする。または、わたしは英語の表現を思いついたので、それに対応す

るドイツ語の表現を思いだそうとする。または、ある身振りをして、「この身振りに対応することばは、なんだ?」と自問する。などなど。

ここで書かれているのは、まさにわれわれが手紙を書くときにおこっていること、あるいは一般的に文章を書くときにおこっていることだろう。「表現の方がやってくる」「イメージが浮かぶ」「表現を思いつく」「身振りを手がかりにして、ことばに向かう」といったことである。つまり、表現が、イメージが、ことばが、こちらにいきなりやってくるのである。

やってくる表現やことばは、何らかの予告をしたり、事前に別の姿であらわれたりはしない。いきなり「かたちをもったもの」(表現・ことば)が、いわば襲来する。これは、わたしたちが文章を書くとき普段から経験していることであって、誰もが熟知していることだと思う。ことばはやってくる、前触れもなく。もし、やってきたことばに違和感を覚えたら、そのことばを手がかりにして、ほかのことばがやってくるのを待つしかない。これが、われわれが文章や手紙を書くときに実際にやっていることだろう。だから、この節の最初にわたしが書いた、「「素晴らしい」なのか、「素敵でした」なのか、「感服しました」なのか、あるいは、「感慨ひとしおです」なのか。〈自分の気持ち〉にぴったりの表現をわれわれは探すだろう」というのは、誤解を生む表現だろう。本当は、〈自分の気持ち〉という確固とした基準があるわけではない。あくまでもわたしがやっているのは、ことばそのもののちがいを吟味しながら、どのことばが、その文章のなかで（ほかの語句や文脈との関係のなかで）、最も適切か考えているだけではないのか。この文脈では、「素晴らしい」がいいのか、「素敵でした」なのか、「感服しました」なのか、「感慨ひとしおです」なのか、どれが一番ぴったりくるのか検討しているというわけだ。すくなくとも、わたしがやっているのは、そういう作業である。

ウィトゲンシュタインは、最後に問をだして、とどめを刺す。

「その表現を思いつく前に、その思考をもっていたのか」とたずねられたとすると、——何と答えなければならないのだろうか。また、「その表現よりも前にあった思考は、どこにあったのか」という問には何と答えるのか。（335）

いずれの問にも、ウィトゲンシュタインは否定の答をだすだろう。第一の問いかけには、「表現の前に考えなどもってはいない」。そして、第二の問には、「そんなものは、どこにも存在しない」と答えるだろう。

何よりも先に表現がある。表現の前に、〈考え〉がどこかにあるわけではない。あったとしても、それをたしかめる手立てはこちらにはない。表現やことばがいきなりやってきて、それを見て聞いて、そこから事後構成的に（後からさかのぼって）〈考え〉に向かうことはできるだろう。もちろん、〈考え〉にたどり着く保証はないのだけれども。

したがって結論は、「初めに表現ありき」。あるいは、ちょっと大げさな言い方をすれば、「初めにことばありき」ということになるだろう。

十一、純粋な文（第336節）

最後に第336節を見て、今回の本を終わりにしよう。ウィトゲンシュタインは、つねに実際の文から出発する。それぞれの母語によって、ことばのやりとりが遂行されている現場では、複数の人間による言語ゲームがおこなわれ、すべてあらわになっているのだ。ようするに、そこでは、「何も隠されてはいない」。

たしかに内的な活動はあるだろう。思考や意識、感覚や感情は、たしかにある。しかし、それらの存在がたしかめられるのは、言語によって表出され表情によって印象づけられ行為となって知覚されるときだけなのだ。内的活動は、「何もない」（Nichts）わけではないが、「何かである」（Etwas）わけでもない。その存在に、言語ゲームの現場からさかのぼって気づくことはあるが、その存在を堅固なものとして確認することはできない。

だから、ドイツ語で表現された文、フランス語で表現された文は、何か〈内容そのもの〉、あるいは〈意味そのもの〉が、どこかに存在していて、それを、いわばドイツ語やフランス語を使って解凍し、それぞれ異なった表現にしているわけではない。同じ〈意味そのもの〉が深層にあって、表面的な表現だけが異なっているわけでまったくない。

ドイツ語の文、フランス語の文が、そのまま「考え」であり、「内容」なのである。だから、ドイツ語の文を翻訳してフランス語の文になったからといって、それら二つの文は、〈同じ意味〉をもっているわけではない。それぞれ、別の言語のなかで異なった内容をもつ文なのだ。背後に言語化されない純粋な〈意味〉などないのだから。どの言語でも表現できない抽象的な〈意味の塊〉など、どこにも存在してはいない。

ウィトゲンシュタインは、つぎのようにいう。

ここにあるケースは、ドイツ語やラテン語の奇妙な語順では、文をそのままの語順で考えることはできないと想像するのに似ている。われわれは、まず文を考えなければならない、それから単語をあの不思議な順番に並べるのだと想像するケースに似ている。(336)

たとえば、日本語は、英語などのヨーロッパ語とちがって最後に述語が来る。たとえば「わたしは本を読む」という日本語の文は、英語では「I read a book」だろう。ここでウィトゲンシュタインが「想像するケース」といっているのは、この二つの文の背後に、真の語順をもつ理想的な文が存在していて、その理想的な文を、英語と日本語にすると語の順番が異なる二つの文になるというものだろう。

その理想的な文を、ここでは「まず考えなければならない文」といっているのだ。これがどのような文であるのかは、われわれにはわからない。何といっても、〈考えそのもの〉〈意味そのもの〉を表す純粋な文だからだ。この世界でわたしたちが確認できるのは、具体的な母語によって表現された文しかない。かたちをもたない純粋な文をたしかめることはできない。

だからウィトゲンシュタインの立場は、もちろん「まず考えなければならない文」など存在しないということだろう。われわれの言語ゲームにおいては、ドイツ語の文が、日本語の文が、中国語の文が、英語の文が、それぞれを母語とする者に、いきなりあらわれる。具体的な文が、音声として口からでてくるのである。それ以前に、どこかで秘密裏に、〈意味そのもの〉を直接表現する文が作成されるわけではない。かたちのない思考があって、それに母語がかたちを与えるのではない。いきなり姿かたちをもった文が、母語を背景にして登場するのだ。

ウィトゲンシュタインは、つぎのようにいう。

（かつてこんなことを書いたフランスの政治家がいる。「人が考える順番にことばがならんでいるのが、フランス語の特徴である」）（336）

「フランス語は、思考の順番や論理の構造を忠実にあらわしている」という考えを、ウィトゲンシュタインはここで皮肉たっぷりに紹介している。アントワーヌ・ド・リヴァロルの「明晰ならざるものフランス語にあらず」というとぼけた文もあるし、日本の森有正の「うなぎ文論争」という笑い話もあった。フランス語が論理的だという、まったくもって非論理的な考えである。

ウィトゲンシュタインによれば、フランス語だろうと、英語だろうと、ロシア語だろうと、チベット語であろうと、タガログ語であろうと、イヌイットのことばであろうと、もちろん日本語だろうと、それぞれの言語すべてが完全であり論理的であり、それぞれの考えを忠実に表現している。というのも、ウィトゲンシュタインによれば、表現されたものこそが〈最初の考え〉であり、それ以外の内容はどこにも存在しないからだ。いきなり、言語化された思考や論理がそのまま現場にあらわれるのである。

どこにも、理想言語は存在しない。もろもろの母語を比較する基準など、どこにもない。あらゆる言語は、そのつどの言語ゲームの現場で、独自の思考や論理をいきいきと刻んでいく。それが、それぞれの場で展開されている「生活のかたち」であり、つまりは「言語ゲーム」なのだ。

あとがき

思い出話を書いてみたい。この本の一冊目『ウィトゲンシュタイン『哲学探究』入門』が出版された年の八月（二〇一四年）に、木田元先生は亡くなられた。実は、ウィトゲンシュタインのこの本の読み方は、木田先生に徹底的に教えて頂いたので、わたしのなかでは前著をだした年に、木田先生が亡くなられたのはとても偶然とは思えない。

わたしが哲学専攻の大学院に入ったとき、その前年の秋から、木田先生の演習では『哲学探究』が読まれていた。学部時代は仏文だったわたしは、哲学専攻に受かったので、大学院が始まる直前の春休みに、関口存男のドイツ語の入門書（最高の入門書！）を急いで読み木田先生の演習に臨んだ。水曜日の午後三時から六時までの三時間だ。そのころは、隔週で『哲学探究』とハイデガーの『存在と時間』を読んでいた。

とにかく驚いた。読みの深さがとてつもなかった。nur や auch や doch が、どこにかかってどういう意味なのか、この und は、逆接か順接か話題転換か、それとも別の解釈ができるのか（und ですよ、英語の and のことです）、ダッシュの長さによる意味のちがい、など、ひとつの単語やダッシュに一時間も二時間もかけて議論する。『哲学探究』の短い節に演習の三時間をまるまるかけることもあった。一つの節（あるいは、単語）を延々と議論しながら、九階の哲学研究室の窓外が暮れていくのを呆然と眺めたこともあった。これは、とんでもないところに来てしまった、と思ったものだ。

そのころは、木田先生のほかに、須田朗先生、宮武昭先生、村岡晋一先生といった凄腕の先生方もでておられて、一文一文この上なく詳細に、とんでもない深度で読み進められていった。わたしの同期には、慶応大学でフレーゲの卒業論文を書いて入ってきた（ひじょうに優秀な）永山将史さんや、いま和光大学で教えている上野俊哉さんなどもいて役者は揃っていた。『哲学探究』にでてくる登場人物として、ウィトゲンシュタイン本人、その論争相手A,B,・・・だけではなく、それ以外の飛び入りの論争相手（演習に参加されている先生方が想定された）もでてきて、この節は、いったい何人で論争しているんだよ、といったカオス状態に毎回なった。このような水曜日の午後の三時間が一五年弱つづけられて『哲学探究』を読み終わったのだ。底知れなく豊饒なこの時間がなければ、わたしがこうして『哲学探究』について語ることはできなかっただろう。木田先生はじめ演習に参加されていた先生方には、いまでも心から感謝している。

もう一人の先生についても語りたい。渡邊博先生だ。渡邊先生は、学部は物理学を専攻されていて、大学院から哲学（科学史・科学哲学）に路線変更された。同じような道をたどった大森荘蔵のもとで学ばれた。渡邊先生の学部での最初の授業は衝撃的だった。いきなり入ってきて教壇で逡巡しながら、「始めるということは、難しい」と仰った。「始まり」のもつ逆説的なあり方（どこから始めるのか、そもそも「始まり」というのはあるのか）の説明から唐突に始まったのだ。「これが、本物の哲学だ」と震えたのを覚えている。

『方法への挑戦』（ファイヤアーベント、一九八一年）、そして『知覚と発見』（ハンソン、一九八二年）という翻訳をだされた時期だった。『知覚と発見』を使った授業では、科学哲学の骨格を教わったような気がする。それ以来「理論負荷性」は、とても大切な概念になった。いまでもハンソンの影響は、わたしのなかに色濃く残っていると思う。ファイヤアーベントが好きになったのも渡邊先生のおかげだ。科学史の授業では、カントールの対角線論法を黒板全面に数字を書いて説明されていた。無限を掌にのせるなんて、と驚いた。科学史の授業のテーマは、毎時間ひじょうに面白かった。

渡邊先生は、自分はウィトゲンシュタインに「説得されたんですよ」と仰っていた。ウィトゲンシュタインの深い部分と共鳴されたという意味だったのではないか。渡邊先生が大学院を担当されるようになって最初の演習は、パトナムの *Realism with human face* がテキストだった。その後、クリプキの様相論理の論文を読んだり、相対性理論の時間論の本を読んだり、ウィトゲンシュタインの数学についての講義録を読んだりした。分析哲学や科学哲学についてのわたしの知識は、すべて渡邊先生経由だといっても過言ではない。その渡邊先生も、二〇一八年六月に亡くなられた。

本書も、教育評論社の小山香里さんに、とてもお世話になった。小山さんの心遣いは独特な優しさがあり、こちらの「執筆欲」（そういうものがあれば、の話だが）をこの上なく刺激する。「刺激された割には、ずいぶん時間がかかったではないか」というのは小山さんではなく、わたしの心の声である、と思いたい。小山さんには、本当に感謝している。こうなったら最後まで『哲学探究』につきあうしかないではないか。

本書を、渡邊博先生に捧げる。

二〇二一年二月二七日

中村昇

【関連する拙著】

『いかにしてわたしは哲学にのめりこんだのか』（春秋社、二〇〇三年）
『小林秀雄とウィトゲンシュタイン』（春風社、二〇〇七年）
『ウィトゲンシュタイン　ネクタイをしない哲学者』（白水社、二〇〇九年）

【主要参考文献】

Wittgenstein,Ludwig : *Werkausgabe in 8 Bänden.* Suhrkamp Taschenbuch Wissenschaft,1984.
: *The Blue and Brown Books.* Oxford:Basil Blackwell,1969.
『ウィトゲンシュタイン全集』（山本信・大森荘蔵編集、大修館書店、一九七五年〜一九八八年）
『反哲学的断章——文化と価値』（丘沢静也訳、青土社、一九九九年）
『色彩について』（中村昇、瀬嶋貞徳訳、新書館、一九九七年）

〈著者略歴〉

中村 昇（なかむら のぼる）

1958年、長崎県生まれ。中央大学文学部教授。中央大学大学院文学研究科博士課程満期退学。哲学専攻。

著書に『いかにしてわたしは哲学にのめりこんだのか』（春秋社）、『小林秀雄とウィトゲンシュタイン』（春風社）、『ウィトゲンシュタイン―ネクタイをしない哲学者』（白水社）、『ホワイトヘッドの哲学』『ベルクソン＝時間と空間の哲学』『西田幾多郎の哲学＝絶対無の場所とは何か』（以上、講談社選書メチエ）、『ウィトゲンシュタイン『哲学探究』入門』（教育評論社）、『落語－哲学』（亜紀書房）など多数。

続・ウィトゲンシュタイン

『哲学探究』入門

二〇二一年六月二十二日　初版第一刷発行

著　者　中村　昇

発行者　阿部黄瀬

発行所　株式会社　教育評論社

〒一〇三－〇〇〇一

東京都中央区日本橋小伝馬町一－五

PMO日本橋江戸通

TEL〇三－三六六四－五八五一

FAX〇三－三六六四－五八一六

http://www.kyohyo.co.jp

印刷製本　萩原印刷株式会社

定価はカバーに表示してあります。

落丁本・乱丁本はお取り替え致します。

ISBN 978-4-86624-042-8